초 · 중 · 고생을 위한 생활 교훈서

재미있는 이야기

학생 명심보감

태을출판사

三 綱(삼강)

父爲子綱(부위자강) 아들은 아버지를 섬기는 근본이고,
君爲臣綱(군위신강) 신하는 임금을 섬기는 근본이고,
夫爲婦綱(부위부강) 아내는 남편을 섬기는 근본이다.

五 倫(오륜)

父子有親 (부자유친) 아버지와 아들은 친함이 있어야 하며,
君臣有義 (군신유의) 임금과 신하는 의가 있어야 하고,
夫婦有別 (부부유별) 남편과 아내는 분별이 있어야 하며,
長幼有序 (장유유서) 어른과 어린이는 차례가 있어야 하고,
朋友有信 (붕우유신) 벗과 벗은 믿음이 있어야 한다.

朱子十悔(주자십회)

不孝父母死後悔 부모에게 효도하지 않으면
불효부모사후회 죽은 뒤에 뉘우친다.

不親家族疎後悔 가족에게 친절치 않으면
불친가족소후회 멀어진 뒤에 뉘우친다.

少不勤學老後悔 젊을 때 부지런히 배우지 않으면
소불근학노후회 늙어서 뉘우친다.

安不思難敗後悔 편할 때 어려움을 생각지 않으면
안불사난패후회 실패한 뒤에 뉘우친다.

富不儉用貧後悔 편할 때 아껴쓰지 않으면
부불검용빈후회 가난한 후에 뉘우친다.

春不耕種秋後悔 봄에 종자를 갈지 않으면
춘불경종추후회 가을에 뉘우친다.

不治垣墻盜後悔 담장을 고치지 않으면
불치원장도후회 도적맞은 후에 뉘우친다.

色不謹愼病後悔 여색을 삼가지 않으면
색불근신병후회 병든 후에 뉘우친다.

醉中妄言醒後悔 술취할 때 망언된 말은
취중망언성후회 술깬 뒤에 뉘우친다.

不接賓客去後悔 손님을 접대하지 않으면
불접빈객거후회 간 뒤에 뉘우친다.

머 리 말

명심보감은 고려 충렬왕 시대에 추적(秋適)이란 분이 엮은 책입니다.

여기에 나오는 말씀들은 모든 사람들의 참다운 생활에서부터 시작하여 어떻게 사는 것이 올바로 사는 것이며 참되게 사는 것인가를 가르치고 있습니다.

나아가서 한 가정을 원활하게 이끌어 나가고, 사회에 참여하며 국가에 어떻게 이바지할 것인가를 아주 자세하게 가르치고 있습니다.

선한 사람에게는 복을 주고 악한 자에게는 하늘이 재앙을 내린다는 아주 확실한 도리를 설명하고 항상 반성하는 생활 속에서 명랑하게 살도록 이 책은 가르치고 있습니다.

우리는 반드시 이 책을 읽어서 앞으로 대한민국을 이끌어 나갈 훌륭한 인물로 자라야 할 것입니다.

엮은이 올림

차 례

차 례

차 례

차 례

차 례

차 례

차 례

차 례

공자님께서 말씀하셨습니다.
"착한 일을 하는 사람에게는 하늘이 복을 주시고 악한 일을 하는 사람에게는 하늘이 재앙을 주신다."

참고 공자(孔子 : 기원 전 552~479)-중국 춘추시대 노(魯)나라의 대학자이며 정치가이기도 합니다. 그리고 유교를 만드신 분으로 예수, 석가와 함께 세계의 3대 성인으로 꼽히는 분입니다. 이름은 구(丘), 자는 중니(仲尼)라고 합니다.

❀복과 재앙

착한 일을 행하는 사람에게는 하늘이 복을 주고 악한 사람에게는 죄를 준다는 말입니다.

선을 행하는 사람에게는 가까이 하려는 사람이 많고 돕는 사람도 많아지게 마련입니다. 그렇기 때문에 번영할 수 있고 행복을 누릴 수 있습니다.

그러나 악한 사람은 사람들이 그를 멀리 하려 들기 때문에 아주 외롭게 됩니다. 그렇게 되면 불행한 일이 생겨도 누구 한 사람 도와주려고 하지도 않을 것입니다.

공자님의 이 말씀은 선의 좋은 점과 악의 나쁜 점을 들어서 사람들에게 악한 일을 하지 말고 착한 일을 할 것을 권한 말입니다.

어린이 여러분들은 주위에 많은 친구가 있을 것입니다. 친구들과 같이 지내면서 서로 싸우거나 거친 욕설을 하지는 않습니까?

서로 양보하고 사이좋게 지내는 것은 착한 일이며 싸우는 것은 나쁜 일이라는 것을 마음에 새겨두시기 바랍니다.

또 착한 일을 하고 나면 아주 기분이 좋아서 하루종일 유쾌하게 보낼 수 있고 나쁜 일을 하면 하루종일 불안에 떨어야만 합니다.

우리 나라 속담에 이런 말이 있습니다.

"맞은 사람은 발을 뻗고 자며 때린 사람은 웅크리고 잔다."

정말 여기에 맞는 말이 아니겠습니까?

〈原文〉

子-曰爲善者는 天報之以福하고 爲不善者는 天
자 왈위선자 천보지이복 위불선자 천

報之以禍니라
보지이화

한(漢)나라의 소열황제(昭烈皇帝)께서 말씀하셨습니다.

"선(善)이 작다고 해서 안하지 말며, 악(惡)이 작다고 해서 하지 말라."

참고 소열(昭烈) - 중국 촉한(蜀漢)의 초대왕으로 성은 유(劉), 이름은 비(備), 자는 현덕(玄德)이며, 소열은 시호라고 합니다.
한(漢) - 고대 중국의 나라 이름으로 전한(前漢)과 후한(後漢)을 말합니다.

❀선과 악

이 글은 삼국지에 나오는 유 비가 황제의 지위에 올라 백성을 다스리다가 죽기 전에 아들, 유 선에게 당부한 말입니다.

선한 일이라면 아무리 작은 것이라도 그냥 넘기지 말고 해야 하며 악한 일이라면 아무리 작은 일이라도 하지 말아야 한다는 것입니다.

어린이 여러분은 길거리에 떨어진 휴지 한 장이나

담배 꽁초가 있을 때 이것을 집어 휴지통에 버릴 줄 아는 사람이 되어야 합니다.

누가 본다고 하고, 보지 않는다고 그냥 팽개쳐 놓는다면 그것은 선한 일이 아닙니다. 이렇게 작은 일 하나도 선과 악은 반드시 구별됩니다.

우리 나라가 아름다운 금수강산이 되게 하기 위해서는 모두 선한 마음으로 솔선하여 일을 해야만 합니다.

그렇게 되면 우리 나라는 비로소 진정한 선진국의 대열에 서게 될 것입니다.

〈原文〉

漢昭烈이 將終에 勅後主曰勿以善小而不爲하고
한 소 열 장 종 칙 후 주 왈 물 이 선 소 이 불 위

勿以惡小而爲之하라.
물 이 악 소 이 위 지

장자께서 말씀하셨습니다.
"하루라도 착한 일을 생각지 않으면 모든 악한 것이 저절로 일어나느니라."

참고 장자(莊子 : 기원 전 365~290) - 중국 전국(戰國)시대의 송(宋)나라 사람으로 이름은 주(周)라고 합니다.

❀매일 선을 생각해야 합니다

사람의 양심도 굳게 지켜서 놓치지 않으면 그대로 남아 있으나, 만약 이것을 놓치면 없어지고 맙니다.

우리가 생활을 하는 데 있어서 잠시라도 착한 것을 마음에 두지 않는다면 마음이 풀어져서 여러 가지 나쁜 생각이 꼬리를 물고 일어나게 되고, 따라서 나쁜 행동을 하게 됩니다.

우리는 언제나 마음에 착함을 간직하여 나쁜 마음이 생겨나는 것을 막아야 합니다.

〈原文〉

莊子-曰一日不念善이면 **諸惡**이 **皆自起**니라
장자 왈일일불념선 제악 개자기

태공께서 말씀하셨습니다.
"착한 일을 보거든 목마를 때 물본 듯이 주저하지 말며, 악한 것을 듣거든 귀머거리 같이 하라." 또 "착한 일이란 모름지기 탐내야 하며, 악한 일이란 즐겨하지 말라."

참고 태공(太公)-중국 주(周)나라 초기의 현자(賢者)로 성은 강(姜)이고 이름은 여상(呂尙)이라 합니다. 기원전 1122년 지금의 중국 산동성 태생이며 위수(渭水)가에서 낚시질을 하다가 문왕(文王)에게 기용된 전설은 아주 유명합니다.

❀올바른 태도

우리는 목이 마를 때에 물을 찾게 됩니다. 만약 목이 마를 때 물을 먹지 못하면 견디기가 어렵습니다.
착한 일도 이렇게 목마른 것 같이 찾아서 해야만 합니다.
목이 마를 때에 시원한 냉수 한 그릇은 사람의 정신을 산뜻하게 하고 목숨을 연장시켜 줍니다.

이와 마찬가지로 착한 일을 위해서라면 마치 목마를 때 물을 보기라도 한 것처럼 급하게 서둘러야 한다는 뜻입니다.

또 악한 말을 들으면 귀머거리처럼 행동해야 그 말이 머리에 남지 않을 것입니다.

이 문장은 사람들에게 선과 악에 대한 올바른 태도를 어떻게 취해야 하는가를 밝히고 있습니다.

〈原文〉

太公이 曰見善如渴하고 聞惡如聾하라 又曰善事란
태공 왈견선여갈 문악여롱 우왈선사

須貪하고 惡事란 莫樂하라.
수탐 악사 막락

마원께서 말씀하셨습니다.

"한평생 착한 일을 하여도 착한 것은 오히려 부족하고 단 하루를 악한 일을 행하여도 악은 스스로 남음이 있느니라."

참고 마원(馬援 : 기원 전 11~기원 후 49) - 중국 후한 시대의 사람으로 자는 문연(文淵)이며 광무제(光武帝)를 도와서 티벳족을 정벌하고 남방교지(南方交趾)의 반란을 평정했으며, 흉노(匈奴)를 토벌하는 등 많은 공을 세운 사람입니다.

❀착한 일을 많이 합시다

착한 일이란 정말 좋은 것입니다.

너무 좋은 일이기 때문에 평생을 두고 하여도 오히려 부족하지만, 악한 일이란 단 하루, 단 한 번을 하여도 그 자국이 평생 가시어지지 않습니다.

여러분은 착한 행동은 끊임없이 해야 하지만 나쁜 일은 절대로 하지 말아야 합니다.

맛있는 음식만 찾고 맛이 없는 음식을 뱉아버리는

행동도 결코 좋은 일이 아닙니다.

불우한 친구를 도와주지는 못할 망정 비웃고 헐뜯는 행위는 아주 나쁜 행동입니다. 이런 사람은 나중에 훌륭한 사람이 되기가 어렵습니다.

부모님의 말씀, 선생님의 말씀을 잘 듣고 똑바로 행동하는 가운데 여러분은 자연히 좋은 일을 찾는 마음을 지닐 수 있다는 것을 명심해야 합니다.

〈原文〉

馬援이 曰終身行善이라도 善猶不足이요 一日行惡이라도 惡自有餘니라.
(마원 왈종신행선 선유부족 일일행악 악자유여)

사마온공께서 말씀하셨습니다.

"돈을 모아서 자손에게 남겨 준다 하여도 자손이 반드시 다 지킨다고 볼 수 없으며, 책을 모아서 자손에게 남겨 준다 하여도 자손이 반드시 다 읽는다고 볼 수 없다. 남모르는 가운데 덕(德)을 쌓아서 자손을 위한 계교를 하느니만 같지 못하느니라."

참고 사마온공(司馬溫公 : 1019～1086) – 중국 북송 시대의 정치가이며 학자입니다. 이름은 광(光)이고, 자는 군실(君實)이며, 문정공(文正公)은 시호입니다.

❀좋은 일을 합시다

사람은 부모님으로부터 태어나 자라서 모두 아버지, 어머니가 됩니다.

그 자식들이 오래도록 잘 살게 하기 위해서는 돈이나 책을 남겨 주는 것보다는 남이 모르는 가운데 좋은 일을 하고 어진 덕을 베푸는 것이 가장 좋다고 사마온공은 말씀하셨습니다.

돈을 물려주면 자손은 돈이 많이 있다는 생각에 부지런히 일을 하지 않을 것입니다. 그리고 자칫 잘못하면 방탕한 사람이 되어버리기 쉽습니다.

책도 마찬가지입니다.

필요한 책을 한 권씩 사서 읽는 즐거움이란 겪어보지 못한 사람은 이해하기가 어렵습니다.

이렇게 하는 것보다는 좋은 일을 많이 하고 덕을 베풀면 그 자손의 대에까지 많은 사람들이 우러러 받들어 그 가정이 행복할 수 있다는 말입니다.

〈原文〉

司馬温公이 曰積金以遺子孫이라도 未必子孫이 能
사마온공 왈적금이유자손 미필자손 능
盡守요 積書以遺子孫이라도 未必子孫이 能盡讀이니
진수 적서이유자손 미필자손 능진독
不如積陰德於冥冥之中하야 以爲子孫之計也니라
불여적음덕어명명지중 이위자손지계야

경행록에 이런 말씀이 있습니다.

"은혜와 의리를 널리 베풀라. 인생의 어느 곳에서든지 서로 만나지 않으랴? 원수와 원한을 맺지 말라. 길좁은 곳에서 만나면 피하기 어려우니라."

참고 경행록(景行録) - 송(宋)나라 때 만들어진 책으로 떳떳하고 밝은 행동을 하라고 가르친 책입니다.

※은혜와 의리를 베풉시다

사람은 항상 은혜를 베풀고 옳은 일을 하는 데 힘써야 합니다.

사람이 살다 보면 언제 어디서 만나게 될 줄 모릅니다. 어려운 경우에 처해 있는 사람을 도와줌으로써 즐거움을 느끼며 세상을 사는 보람을 느끼게 됩니다.

그리하여 내가 남을 도와줌으로써 남도 나를 돕게 되고, 따라서 발전과 성공을 가져올 수 있습니다.

역사를 통하여 아름다운 이름을 남겼다거나 큰 사업에 성공한 사람 가운데에는 은혜와 의리를 널리 베푼 것이 그 원동력이 된 예가 많습니다.

이와 반대로 악한 마음을 가지고 남과 원수가 된다거나 원한을 맺는 일을 해서는 안됩니다.

옛부터 내려오는 속담에 '원수는 외나무 다리에서 만난다'는 말이 있습니다.

남을 해친다든지 남에게 못할 일을 하면 마음도 괴로울 뿐만 아니라 보복을 당할 것이 두려워서 한시도 마음놓고 살 수 없을 것입니다.

실제로 언제 어느 때 무서운 보복을 당할지 모릅니다.

남과 원한을 맺었다가 집안이 망하고 자기도 죽는 무서운 결과가 생긴 일은 어느 시대, 어느 나라를 막론하고 끊임없이 일어나고 있습니다.

지금 이 순간에도 그와 같은 일은 수없이 일어나고 있습니다.

우리는 이 경행록의 교훈을 명심하여 은혜와 의리를 베푸는 일을 실천에 옮겨야 하겠습니다.

〈原文〉

景行錄에 曰恩義를 廣施하라 人生何處不相逢이니
경행록 왈은의 광시 인생하처불상봉

讐怨을 莫結하라 路逢狹處면 難回避니라.
수원 막결 로봉협처 난회피

장자께서 말씀하셨습니다.

"나에게 착한 일을 하는 자에게도 나 또한 착하게 하고, 나에게 나쁜 일을 하는 자에게도 역시 착하게 할 것이다. 내가 이미 남에게 악하게 아니 하였으면 남도 나에게 악하게 할 수 없을 것이니라."

❀누구에게나 착하게 대합시다

우리는 언제나 남의 잘못을 용서할 줄 아는 마음을 가지고 있어야 합니다.

나에게 잘하는 사람에게는 나도 물론 잘합니다만 나에게 잘못하는 사람에 대해서도 나는 잘해야만 합니다.

내가 남에게 나쁘게 하지 않는 이상 남도 나에게 나쁘게만 대할 수는 없습니다.

나에게 악하게 대하는 친구가 있을 때, 내가 그 친구를 용서하고 더욱 선하게 그를 대한다면 친구도 결국은 감동하여 잘못을 뉘우치고 좋게 대하려고 할 것입니다.

이것이야말로 악한 사람을 착한 사람으로 만드는 동시에 나에게도 얼마나 좋은 결과이겠습니까?

〈原文〉

莊子-曰於我善者도 我亦善之하고 於我惡者도
장 자 왈 어 아 선 자 아 역 선 지 어 아 악 자

我亦善之니라 我旣於人에 無惡이면 人能於我에
아 역 선 지 아 기 어 인 무 악 인 능 어 아

無惡哉인저
무 악 재

동악 성제께서 말씀하셨습니다.

"하루 착한 일을 행할지라도 복은 비록 이르지 아니하나 복은 스스로 멀어진다. 착한 일을 행하는 사람은 봄 동산에 풀과 같아서 그 자라나는 것이 보이지 않으나 날로 더하는 바가 있고, 악을 행하는 사람은 칼을 가는 숫돌과 같아서 갈리어서 닳아 없어지는 것이 보이지 않아도 날로 이지러지는 것과 같으니라."

참고 동악성제(東丘聖帝)-도가(道家)에 속하며, 성명과 연대는 알 수가 없으나 성현의 한 사람입니다.

❀봄동산의 풀

착한 일을 하는 것은 재앙을 멀리하고 복을 부르는 가장 빠른 길입니다.

착한 일을 하였다고 당장 무슨 좋은 결과가 나타나는 것은 아닙니다. 그러나 재앙을 사라지게 할 수는 있습니다.

또 악한 짓을 했다고 그 자리에서 무슨 나쁜 결과가 당장 나타나는 것은 아니지만 복된 일은 오지 못하고 맙니다.

봄동산에 풀잎들이 무럭무럭 자라고 있지만 우리는 언제 크는지를 알 수가 없습니다.

그렇지만 풀잎들은 모르는 사이에 자라나서 꽃을 피웁니다.

이런 자연의 현상과 마찬가지로 좋은 일을 하고 덕을 쌓으면 그 순간순간에 보람이 나타나지는 않지만 우리도 모르는 동안에 꽃을 피우고 열매를 맺게 합니다.

칼을 가는 숫돌은 칼을 갈면 아주 조금씩 닳아 없어집니다.

이와 마찬가지로 나쁜 일의 결과는 당장 보이지 않으나 사람의 좋은 일을 하나씩 갉아 먹으면서 드디어는 완전히 없어지는 길로 이끌어 갑니다.

여러분은 항상 착한 일을 하여 불행한 일이 사라지게 하고 복이 가까이 오도록 힘써야 합니다.

〈原文〉

東岳聖帝垂訓에 曰一日行善이라도 福雖未至나 禍
동악성제수훈 왈일일행선 복수미지 화
自遠矣오 一日行惡이라도 禍雖未至니 福自遠矣니
자원의 일일행악 화수미지 복자원의
行善之人은 如春園之草하여 不見其長이라도 日有
행선지인 여춘원지초 불견기장 일유
所增하고 行惡之人은. 如磨刀之石하야 不見其損이라도
소증 행악지인 여마도지석 불견기손
日有所虧니라
일유소휴

공자께서 말씀하셨습니다.
"하늘의 이치를 따르는 자는 살고, 하늘의 이치를 거역하는 자는 망하느니라."

❀자연의 섭리

동양은 지난 날 선(善)과 정의를 행하는 것을 하늘의 명령에 순종하는 것으로 보았습니다.

그리고 악과 옳지 못한 일을 하는 것을 하늘의 명령에 거역하는 것으로 보았습니다.

쉽게 말해서 선과 정의는 바로 하늘의 도(道)인 것입니다.

그렇기 때문에 나라를 세울 때 성공한 사람은 하늘의 명령에 순종한 사람이라 하였고 그렇지 못하면 하늘의 뜻을 어겼기 때문이라고 했습니다.

옛날 중국의 문왕이나 무왕은 어질고 바른 정치를 하였기 때문에 하늘의 뜻을 따른 사람으로 불리워졌습니다.

반대로 주왕은 어질지 못하고 옳지 못한 정치를 하였기 때문에 하늘의 뜻을 어긴 임금으로 불리워져서 결국 망하지 않을 수 없었습니다.

대자연의 법도란 원래 선한 것입니다.

악과 옳지 못한 행동으로 잠깐이나마 성공을 거둔 사람이 없는 것은 아닙니다. 그러나 이와 같은 사람은 곧 멸망하지 않을 수 없었습니다.

사람은 오로지 선과 정의를 행하여 대자연의 법칙에 따라야 합니다.

여러분은 어느 쪽에 속한 사람이 되고 싶습니까?

〈原文〉

子-曰順天者는 存하고 逆天者는 亡이니라
자 왈순천자 존 역천자 망

공자께서 말씀하셨습니다.
"착한 것을 보거든 미치지 못하는 것과 같이 하고 악한 것을 보거든 끓는 물을 만지는 것과 같이 하라."

❀끓는 물은 뜨겁습니다

남이 선한 일을 하는 것을 보면 자기의 선이 부족하다는 것을 느껴 선을 행하기에 힘써야 합니다.

끓는 물은 뜨겁습니다. 뜨거운 물에 손을 넣으면 어떻게 되겠습니까? 손은 물에 데어 퉁퉁 붓게 되고 손가락 하나 움직일 힘도 잃게 되고 맙니다.

악한 것을 보았을 때는 끓는 물에 손을 덴 것처럼 생각해서 이를 멀리 해야 한다는 것입니다.

공자님의 이 말씀은 사람들이 옳은 일을 하고 옳지 못한 일은 멀리 할 것을 가르친 교훈입니다.

어린이 여러분들은 선생님의 올바른 가르침을 배우고 익혀서 앞으로 우리 나라를 짊어지고 나갈 훌륭한 인물이 되어야 합니다.

〈原文〉

子-曰見善如不及하고 見不善如探湯하라.
자 왈견선여불급 견불선여탐탕

소강절 선생께서 말씀하셨습니다.
“하늘의 물으심이 고요하여 소리가 없으니 푸르고 푸른데 어느 곳에서 찾을 것인가. 높지도 않고 또한 멀지도 않다. 모두가 다만 사람의 마음 속에 있는 것이니라.”

참고 소강절(邵康節 : 1011~1077)－송나라 때 유학자로 성은 소(邵), 이름은 옹(雍)이며, 자는 요부(堯夫)요, 강절(康節)은 시호입니다.

❀사람의 마음

구름이 걷힌 하늘은 정말 푸릅니다.
그리고 구름이 끼었다 해도 구름 위에서 하늘을 보면 역시 티 한 점 없이 푸르기만 합니다.
하늘은 아무 말이 없습니다. 그리고 하늘은 끝간데가 없어서 만질 수도 없고 찾을 수도 없습니다.

그렇다면 푸른 하늘은 어디에 있는 것일까요?

바로 사람의 마음 속에 있다는 말입니다.

티끌 하나 없이 푸르고 해맑은 마음을 가지고 있는 어린이는 마음 속에 하늘이 있습니다.

마음이 맑고 푸른 사람은 남을 미워하지도 않고 남과 싸우지도 않습니다.

우리 어린이들도 이렇게 깨끗한 마음씨를 가지고 있으면 세상 사람들로부터 분명히 칭찬을 받을 것입니다.

〈原文〉

康節邵先生이 曰天聽이 寂無音하니 蒼蒼何處尋고
강절소선생 왈천청 적무음 창창하처심

非高亦非遠이라 都只在人心이니라
비고역비원 도지재인심

현제께서 말씀하셨습니다.

"사람의 사사로운 말도 하늘이 듣는 것은 우뢰와 같으며 어두운 방 속에서 마음을 속여도 귀신의 눈은 번개와 같으니라."

❀바른 행동

하늘은 모든 것을 알고 있습니다.

사람들이 한 마디 한 마디 하는 말을 놓치지 않고 있으며 사람의 행동 하나 하나를 다 보고 있습니다.

우리가 아무리 어떤 사람도 보지 못하는 곳에서 양심을 속이는 행동을 하여도 귀신의 눈을 속일 수 없는 것과 마찬가지입니다.

사람은 남이 보지 않는 곳과 듣지 않는 곳일수록 더욱 말과 행동을 주의해야 합니다.

우리 나라 속담에 '낮말은 새가 듣고 밤말은 쥐가 듣는다'는 말이 있습니다.

우리는 혼자일수록 더욱 말과 행동에 주의를 기울여 하늘이 내리는 벌을 피해야만 하겠습니다.

〈原文〉

玄帝垂訓에 曰人間私語라도 天聽은 若雷하고 暗
현제수훈 왈인간사어 천청 약뢰 암

室欺心이라도 神目은 如電이니라
실기심 신목 여전

익지서에 이런 말씀이 있습니다.
"나쁜 마음이 가득차면 반드시 죽일 것이니라."

참고 익지서(益智書)－중국 송나라 때에 만들어진 교양에 관한 책의 이름입니다.

※ 바른행동

사람이 옳지 못한 행위를 하거나 마음 속에 악한 생각이 가득차 있으면 거기에는 보복이라는 것이 반드시 따르게 마련입니다.

악한 마음을 가진다는 것은, 그 자체가 이미 착함을 좋아하는 자연의 섭리에 배반하는 행위이기 때문에, 하늘에 거역하는 자가 되어 살 수 없다는 말입니다.

어린이 여러분은 그 마음에 하나 가득히 착한 마음을 품고 있어야 합니다.

착한 마음을 지니고 있으면 자연히 위대한 생각, 올바른 판단, 훌륭한 행동을 하게 됩니다.

그러면 이 사회에서 훌륭한 인물이 되는 것은 아주 당연한 것입니다.

〈原文〉

益智書에 云惡鑵이 若滿이면 天必誅之니라
익지서 운약관 약만 천필주지

장자가 말씀하셨습니다.

"사람이 만일 나쁜 일을 해서 이름을 세상에 나타낸 자는 사람이 비록 해치지 않더라도 하늘이 반드시 죽일 것이니라."

❀순간적인 부귀

사람이 악한 짓을 해서 그 이름이 나타난 자는 얼마 동안은 아주 잘 살고 잘 먹을지 모르지만 하늘이 결코 그대로 내버려두지 않는다는 말입니다.

이런 일은 과거의 역사나 현재도 마찬가지로 얼마

든지 들을 수 있고 또 보고 있습니다.

선을 행함으로써 영화를 얻고 참된 이름을 나타내는 것만이 하늘의 뜻에 순종하는 행위이며, 그래야만 많은 사람들의 지지와 협조를 얻어 오래도록 진정한 행복을 누리며 살 수 있습니다.

시험을 볼 때 부정한 행위를 하여 일등을 했다면 그 영광이 오래 가겠습니까?

꾸준히 노력하며 공부하는 사람은 진정한 실력이 갖추어져 많은 사람들로부터 칭찬을 듣는 것과 마찬가지입니다.

〈原文〉

莊子 曰若人이 作不善하야 得顯名者는 人雖不
장자 왈약인 작불선 득현명자 인수불

害나 天必戮之니라.
해 천필육지

공자께서 말씀하셨습니다.
"나쁜 일을 저질러 하늘에 죄를 얻으면 빌 곳이 없다."

❀하늘의 뜻

사람의 모든 잘못은 사실 하늘에 죄를 짓는 것이나 마찬가지입니다.

아무도 모르게, 하늘만이 아는 죄를 저질러놓고 하늘을 우러러 용서를 빌면 하늘이 용서하겠습니까?

그렇게 되면 누구를 향하여 자기의 죄를 용서해 달라고 빌겠습니까?

하늘만 아는 죄를 저지른 사람은 평생동안 괴로움과 고통 속에서 시달리다가 마침내 죽는다 해도 지옥으로 갈 수밖에 없을 것입니다.

〈原文〉

子 曰獲罪於天이면 無所禱也이니라
자 왈획죄어천 무소도야

"오이씨를 심으면 오이를 얻고 콩을 심으면 콩을 얻는다. 하늘의 그물이 넓고 넓어서 보이지는 않으나 새지 않느니라."

❀당연한 도리

오이 씨를 심으면 오이가 나고 콩을 심으면 콩이 나오지 팥이 나오거나 쌀이 나오지 않습니다.

이와 마찬가지로 사람이 착한 행위를 하면 반드시 복이 오고 악한 행동을 하면 화가 돌아오는 것이 하늘의 변함없는 법칙입니다.

또 하늘은 끝간 데가 없이 넓지만 작은 일 하나도 놓치지 않아서 앞의 원칙에 따라 돌아간다는 뜻입니다.

어린이 여러분은 작은 일 하나라도 나쁜 짓이라고 생각될 때에는 하지 말아야 합니다.

우리 나라 속담에 '바늘 도둑이 황소 도둑 된다'는 말이 있습니다.

아주 작은 것 하나를 훔치게 되면 그것이 점점 습관이 되어 아주 큰 것까지 훔치게 된다는 말입니다.

모든 행동에 주의해야 되겠지요?

〈原文〉

種瓜得瓜요 種豆得豆니 天網이 恢恢하야
종과득과 종두득두 천망 회회

疎而不漏니라
소이불루

공자께서 말씀하셨습니다.

"죽고 사는 것은 명에 있고, 부자가 되고 귀하게 되는 것은 하늘에 있느니라."

❀생명과 부자

사람이 죽고 사는 것은 어디까지나 생명의 한계가 있기 때문입니다.

영원한 것은 지구상에 아무것도 없습니다. 모든 생명은 잠깐 살다가 없어지는 것이 하늘의 뜻입니다.

생명이 한 번 태어나 영원히 죽지 않는다면 지구는 금방 생명들로 가득차 발 딛을 틈조차 없게 될 것입니다.

또 부자가 되고 귀한 몸이 되는 것은 억지로 구할 수 없고 하늘의 뜻에 달려 있는 것입니다.

사람은 자기가 할 일을 다하고 하늘의 뜻을 기다려야 합니다.

죽기 싫다고 무리하게 더 살기를 바라는 행동을 하거나 자기만 잘 살기 위하여 어떤 옳지 못한 행동도 서슴없이 한다면 이는 하늘의 뜻을 거역하는 행위가 되어 오히려 큰 화를 입게 됩니다.

〈原文〉

子 曰死生이 有命이오 富貴在天이니라
자 왈사생 유명 부귀재천

경행록에 이런 말씀이 있습니다.

"화는 가히 요행으로는 면하지 못하고 복은 가히 두번 다시 얻지 못할 것이니라."

※놓쳐버린 복

반드시 당하지 않으면 안될 재앙은 어떤 요행에 의해서 피할 수 있는 것이 아닙니다.

또 한 번 놓쳐버린 복은 다시 그와 똑같은 복을 구할 수 없습니다.

사람의 운명은 태어나는 순간부터 결정되어 있다

고 합니다. 만약 어떤 사람이 교통사고로 죽을 운명이라면 그 사람이 전혀 차를 타지 않고 걸어다니기만 해도 차가 스스로 달려와 그 사람을 죽일 것입니다.

운명이란 사람이 전혀 알 수 없기 때문에 저항할 수도 없습니다.

행복도 기회가 왔다고 생각하는 순간, 꽉 움켜잡고 놓치지 말아야 합니다.

한 번 지나가버린 복을 다시 잡으려고 아무리 달려가도 그것은 아무 소용이 없다는 말입니다.

〈原文〉

景行錄에 云禍不可倖免이오 福不可再求니라
경 행 록 운 화 불 가 행 면 복 불 가 재 구

"때가 이르면 왕발이 순풍을 만나 등왕각에 가서 서문을 지어 이름을 세상에 높이고, 운이 없으면 천복비에 벼락이 떨어져 비석문이 깨뜨려져 천신만고가 수포로 돌아간다.

참고 등왕각(滕王閣) – 양자강 유역의 남창(南昌)에 있는 누각을 말합니다. 천복비(薦福碑) – 중국의 강서성 천복사에 있던 비석으로 원(元)나라 때 마치원(馬致遠)이 세운 것이라는 설도 있고 당나라 때 구양순(歐陽詢)이 비문을 썼다는 설도 있습니다.

❀ 모든 일은 때가 있습니다

옛날 중국의 당나라 때, 도독의 지위에 있는 염백서란 사람이 있었습니다.

염백서는 남창이라는 곳에 등왕각이라는 화려하고 웅장한 정자를 짓고 준공식에서 자기의 사위더러 서문을 짓게 할 생각을 하였습니다. 은근히 세상 사람들에게 사위 자랑을 할 속셈이었습니다.

이 때 왕발이라는 시인이 한 사람 있었습니다.

왕발은 동정호 부근에 살고 있었으며 남창과는 7백 리나 떨어진 곳이었습니다.

등왕각의 준공일이 9월 9일인데 전전 날인 7일 밤의 꿈에 한 백발노인이 나타나서 9월 9일 남창에서 베풀어지는 등왕각 준공일에 참석하여 등왕각 서문을 지으라는 것이었습니다.

왕발이 꿈을 깨어 생각해 보니 하룻밤 사이에 7백 리를 간다는 것은 도저히 있을 수 없는 일이었습니다.

옛날의 교통수단은 배나 말, 마차에 의한 것이 고작이었습니다.

그러나 꿈이 너무나 생생하여 시험삼아 배에 올라탔습니다. 동정호란 중국에 있는 아주 넓은 바다와도 같은 호수를 말합니다.

그런데 바람이 어찌나 순풍이며 빨랐던지 9월 8일 하룻만에 7백 리를 달려서 그날 밤 남창에 당도할 수 있었습니다.

왕발은 드디어 9월 9일 준공식에 참석하여 유명한 등왕각서를 써서 사위의 글자랑을 시키려던 염백서를 납작하게 만들었을 뿐만 아니라 오래도록 후세 사람들의 입에 오르내리는 시를 지을 수 있었습니다.

왕발은 정말 대단한 행운을 잡아 그것을 놓치지 않은 사람입니다.

이와 반대의 일이 있습니다.

옛날 중국의 송나라 때 한 명의 가난한 서생이 있었습니다.

천복산에 있는 중국의 명필 구양순이란 사람이 쓴 천복비의 비문을 탁본해다 주면 많은 보수를 주겠다는 어떤 사람의 부탁이 있었습니다.

희망에 부풀은 서생은 그 길로 천복산으로 떠났습니다.

그러나 천복산에 도착한 바로 그날 벼락이 비석을 때려 비석은 산산조각이 나고 말았습니다. 따라서 그 서생의 희망도 산산히 부서지고 말았습니다.

정말 운이 없는 서생이라고 생각되지요?

이 글은 운명은 피할 수 없다는 것을 강조한 가르침입니다.

〈原文〉

時來風送滕王閣이오 運退雷轟薦福碑라
시 래 풍 송 등 왕 각　　운 퇴 뢰 굉 천 복 비

열자께서 말씀하셨습니다.
"어리석고 귀먹고 고질이 있고 벙어리라도 집은 호화롭고 부자요. 지혜있고 총명하지만 도리어 가난하느니라. 운수는 해와 달과 날과 시가 분명히 전하여 있으니 계산해 보면 부귀는 사람으로 말미암음에 있지 않고 명예에 있는 것이니라."

참고 열자(列子)이름은 어구(御寇)이며, 중국의 전국(戰國)시대 초기 노(魯)나라의 철학자로 그의 사상을 엮은 책입니다.

❀ 사람의 운명

부자로 잘 살면서 귀한 몸이 되는 것과 가난하고 천하게 사는 것도 다 운명 때문이라는 것을 예로 든 글이라 보겠습니다.

바보, 귀머거리, 벙어리 같은 사람들은 아무래도 정상적인 사람보다 지능이 얕고 활동능력이 거의 없는 사람들에 속합니다.

또 지혜가 있고 총명한 사람은 두뇌도 좋고 활동

능력도 왕성합니다.

그렇다면 총명하고 지혜가 있는 사람은 당연히 잘 살고 활동능력이 부족한 병신들은 못살아야 당연합니다.

그러나 병신들 가운데에도 부자는 있으며 총명한 자 가운데에도 가난하게 사는 사람이 있습니다.

이런 사실은 바로 부귀가 사람에게 있는 것이 아니라 그 사람의 운명에 있다는 것을 증명하는 것입니다.

잘 살고 못 사는 것은 사람의 운명에 달려 있는것이기 때문에 억지로 될 수 없다는 것을 설명하고 있습니다.

〈原文〉

列子 曰痴聾痼瘂도 家豪富요 智慧聰明도 却
열자 왈치롱고아 가호부 지혜총명 각

受貧이라 年月日時 該載定하니 算來由命不由
수빈 년월일시 해재정 산래유명불유

人이니라
인

시전에 이런 말씀이 있습니다.

“아버지 나를 낳으시고 어머니 나를 기르시니 아아 애닯고 슬프도다. 나를 낳아 기르시느라고 애

쓰시고 수고하셨도다. 그 깊은 은혜를 갚고자 한다면 넓은 하늘도 다함이 없도다."

참고 시전(詩傳)－시경(詩經)을 해설한 것으로 공자가 편찬했다고 합니다.
사서(四書)－논어(論語), 맹자(孟子), 중용(中庸), 대학(大學).
삼경(三經)－시전(詩傳), 서전(書傳), 주역(周易).

❀ 어버이의 은혜

이 글은 내 몸을 낳아 주고 길러 주시고, 가르쳐 주시고, 사람을 만들어 주신 아버지 어머니의 끝없는 사랑과 노고를 찬양하고, 저 넓고 푸른 하늘과 같이 무한한 은혜에 보답할 길이 없음을 걱정한 것입니다.

자식을 낳아서 기르고 가르쳐 하나의 진실한 인간으로 만들어내는 과정이란 정말 피와 땀과 사랑이 없이는 불가능한 일입니다.

부모님의 높고 한없는 희생적 봉사에 무엇이라고 표현할 말이 있겠습니까.

우리는 부모의 은혜가 태산같이 높고 바다같이 깊

다던지 넓은 하늘처럼 끝이 없다는 말을 쓰는데 이
것은 그만큼 부모님의 은혜가 깊다는 뜻입니다.

〈原文〉

詩曰父兮生我하시고 母兮鞠我하시니 哀哀父母여 生
시 왈 부 혜 생 아 모 혜 국 아 애 애 부 모 생
我劬勞삿다 欲報深恩인대 昊天罔極이로다.
아 구 로 욕 보 심 은 호 천 망 극

공자께서 말씀하셨습니다.
"효자가 어버이를 섬기는 것은 기거 하심에 그 정성을 다하고 봉양함에는 즐거움을 다하고 병이 들었을 때는 그 근심을 다하고 초상(죽음)을 맞을 때는 그 슬픔을 다하고 제사가 있을 때엔 그 엄숙함을 다할 것이니라."

❀ 부모님에 대한 태도

이 글은 자식된 자가 부모를 섬기는 방법을 설명한 것입니다.

부모님이 계실 곳에 대해서, 부모님을 대접하는 데 대해서, 부모가 병이 들었을 때 대해서, 그리고 부모님이 세상을 떠나셨을 때, 또 부모님에 대한 제사를 지낼 때에 자식으로서 마땅히 취해야 할 태도를 설명하고 있습니다.

자식은 부모님의 은혜에 조금이라도 보답하기 위해 언제나 공경하고 존경하여야 합니다.

그래야만 나중에 여러분들도 아버지 어머니가 되었을 때 자식으로부터 존경을 받을 수가 있는 것입니다.

〈原文〉

子－曰孝子之事親也에 居則致其敬하고 養則致
자 왈효자지사친야 거즉치기경 양즉치
其樂하고 病則致其憂하고 喪則致其哀하고 祭則致
기락 병즉치기우 상즉치기애 제즉치
其嚴이니라
기엄

공자께서 말씀하셨습니다.

"부모가 살아 계시거든 멀리 떨어져 놀지 말 것이며 놀 때에는 반드시 그 가는 곳을 알아야 하느니라."

❀ 부모의 걱정

부모님은 언제나 자식을 걱정합니다.

자식이 나가서 돌아오지 않으면 대문에 의지하여 기다리시는 일도 많습니다.

행여라도 무슨 사고가 생기지 않았는가 하는 염려 때문이지요.

또 자식된 사람도 부모님이 나이가 많으면 어느 때

무슨 일이 있을지 모르기 때문에 마음 속에서 항상 걱정이 떠나지 않게 됩니다.

그렇기 때문에 먼 곳에 가지 않고, 어디를 가든지 그 장소를 알려서 부모의 근심을 덜어드리는 동시에 어느 때라도 연락이 되게 해야 합니다.

여러분들도 어디 친구 집에 놀러 가게 되었을 때는 반드시 전화로 연락하거나 친구에게 부탁하지 않으면 부모님이 걱정하실 때가 있었을 것입니다.

그것은 옳은 행동이 아닙니다.

이 글은 부모님을 모시고 있는 사람은 함부로 행동할 수가 없다는 것을 가르치고 있습니다.

〈原文〉

子 - 曰父母 - 在어시든 不遠遊하며 遊必有方이니라.
자 왈부모 재 불원유 유필유방

공자께서 말씀하셨습니다.

"아버지께서 부르시면 속히 대답하여 머뭇거리지 말고, 음식이 입에 있거든 속히 뱉아 버리고 대답할 것이니라."

❀ 빨리 대답해야 합니다

아버지께서 부르시면 아버지를 존중하고 어렵게 생각하기 때문에 부르는 즉시 대답하고 곧 달려가야 합니다.

음식이 입 안에 있으면 곧 뱉고 대답하지 않으면 안된다는 가르침입니다.

여러분은 선생님께서 부르면 곧 대답을 합니다. 그렇지 않으면 야단을 맞게 되지요?

이와 마찬가지로 아버님이 부르시면 망설이지 말고 곧 대답하고 달려가야 합니다.

〈原文〉

子-曰父-命召어시든 唯而不諾하고 食在口則吐之니라.
자 왈부 명소 유이불락 식재구즉토지

태공께서 말씀하셨습니다.

"내 자신이 부모에게 효도하면 내 자식이 또한 나에게 효도한다. 내가 어버이에게 효도하지 않는다면 자식이 어찌 나에게 효도할 것인가?"

❀ 효도의 길

'오이를 심으면 오이를 얻고 콩을 심으면 콩을 얻

싫어요!!

는다'고 앞에서 말씀드렸습니다.

이 말은 원인이 있으면 결과가 있게 마련인 만큼 나 자신이 부모님에게 효도를 하면 내 자식들도 그것을 본받아서 나에게 효도를 하게 됩니다.

반대로 내가 부모님에게 불효를 하여 섬기지 않거나 괴롭게 하면 내 자식도 그것을 본받아 똑같은 행동을 하게 됩니다.

부모님에게 효도를 하는 것이 부모의 은혜에 보답하는 당연한 도리이며 자식을 가르치는데 있어서도 하나의 본이 되어 자식을 바른 길로 이끌게 된다는 말입니다.

〈原文〉

太公이 曰孝於親이면 子亦孝之하나니 身旣不孝면
태공 왈효어친 자역효지 신기불효

子何孝焉이리오
자하효언

"효도하고 순한 사람은 또한 효도하고 순한 자식을 낳을 것이며, 오역한 사람은 오역한 자식을 낳을 것이다. 믿지 못하겠으면 저 처마끝의 떨어지는 물을 보라. 방울방울 떨어져 내림이 어긋남이 없느니라."

※ 보답하는 길

자기가 부모에게 효도하면 자식도 효도하는 자식을 낳게 됩니다. 또 자기가 부모의 말씀을 거역하고 마음대로 행동하면 자식도 그렇게 못된 자식을 낳는다는 뜻입니다.

부모님의 말씀을 잘 듣고 따르는 것이 부모의 은혜에 보답하는 길인 동시에 훌륭한 사람이 되는 지름길입니다.

그렇게 되면 자기가 낳는 자식도 본을 배워 그 어버이를 잘 섬기게 됩니다.

아주 당연한 말입니다.

여러분은 이 글의 가르침을 교훈으로 삼아 조금이라도 부모님의 뜻에 어긋나는 행동을 하지 않도록 해야 하겠습니다.

〈原文〉

孝順은 還生孝順子요 忤逆은 還生忤逆子하나니 不
효순 환생효순자 오역 환생오역자 불

信커든 但看簷頭水하라 點點滴滴不差移니라.
신 단간첨두수 점·점적적불차이

성리서에 이런 말씀이 있습니다.
"남의 착한 것을 보고서 나의 착한 것을 찾고, 남의 악한 것을 보고서 나의 악한 것을 찾을 것이니 이와 같이 함으로서 비로소 유익함이 있을 것이니라."

참고 성리서(性理書) – 송(宋)나라 때 유학(儒學)의 한 계통인 인간의 심성(心性)과 우주의 원리를 연구하는 학문을 말합니다.

❀ 선을 배워라

다른 사람이 착한 일을 하는 것을 보았을 때는 자기에게도 그와 같은 착함이 있는가 없는가를 돌이켜 보아서 그런 착함이 없을 때에는 그것을 본받아 자기의 착함으로 만들어야 합니다.

또 다른 사람이 악한 짓을 하는 것을 보았을 때는 자기에게도 그와 같은 악함이 있는가 없는가를 살펴서 만일 그런 악함이 있다고 생각될 때에는 이를 용감하게 버려야만 합니다.

선한 사람과 악한 사람 모두가 나의 스승이란 말이 있습니다.

나의 악을 버리고 착함을 따름으로서 내 몸을 바르게 하는 일이야 말로 더 할 수 없이 바람직한 것입니다.

〈原文〉

性理書에 云見人之善而尋己之善하고 見人之
성리서 운견인지선이심기지선 견인지
惡而尋己之惡이니 如此면 方是有益이니라
악이심기지악 여차 방시유익

경행록에 이런 말씀이 있습니다.
"대장부는 마땅히 남을 용서할 지언정 남의 용서를 받는 사람이 되지 말 것이니라."

❀ 용서받을 짓은 하지 맙시다.

사내 대장부는 남이 자기에게 잘못을 저지르는 경우에 용서할 수 있습니다.

그러나 자기의 행동이 옳지 못하여 남에게 용서를 받는 일이 있어서는 안된다는 말입니다.

이것은 사람이 어디까지나 올바른 길을 가야 하며 남에게 욕을 얻어먹지 말아야 한다는 가르침이라는 것을 잊지 말아야 합니다.

태공께서 말씀하셨습니다.

"나를 귀하게 여김으로써 남을 천하게 여기지 말고 자기가 크다고 해서 남의 작은 것을 업신여기지 말며 용맹을 믿고서 적을 가볍게 여기지 말 것이니라."

❀ 모두가 귀합니다

내 몸이 귀하다고 해서 다른 사람을 천하게 여긴다든지 자신이 크다고 해서 남의 작은 것을 우습게 여기면 안됩니다.

또 용맹이 있다고 해서 적을 가볍게 여기는 행동은 겸손하고 양보할 줄 아는 아름다운 덕을 해치는 잘못된 행동입니다.

벼는 익을수록 머리를 숙인다는 옛말이 있습니다.

이것은 사람이 자기의 지위가 높으면 높을수록 몸을 낮추며, 지식이 많으면 많을수록 표면에 나타내지 않는다는 말과 다름이 없습니다.

사람은 신분이 천하거나 천한 행동을 해도 그것이 언젠가는 쓰일 때가 있습니다.

한 가지 옛날의 이야기를 여기에 실어 참고로 삼

겠습니다.

옛날 중국의 제나라에 맹상군이라는 재상이 있었습니다.

맹상군은 성격이 쾌활하고 친구 사귀기를 좋아하여 자기에게는 제각기 특기들을 지닌 식객 수천 명이 있었습니다.

이 사람들은 신분이 귀하거나 천하거나를 가리지 않고 모두 일률적으로 귀하게 대하고 있었습니다.

이 사람들은 맹상군에게 무슨 일이 생길 때마다 제각기의 특기를 발휘하여 어려운 문제의 해결을 도왔습니다.

이 때 진나라의 소양왕이 맹상군이 어질고 재주있음을 흠모하여 그를 자기 나라로 데려오려고 했습니다. 그러나 맹상군이 자기의 성의를 모르고 의심할까 두려워 먼저 그의 동생인 경양군을 제나라에 인질로 보내어 맹상군으로 하여금 안심하고 진나라의 서울인 함양으로 오게 하였습니다.

한편 인질로 제나라에 간 경양군은 짧은 며칠을 맹상군과 같이 지내는 동안 아주 막역한 사이가 되었습니다.

제나라 왕이 이 사실을 듣고는 진나라의 미움을 사게 되면 불리할 것을 걱정하고 진나라 왕의 조건을 받아 들여 맹상군이 진나라에 가는 것을 동의했습니다.

그 뒤 대신 중의 한 사람이 제나라 왕께 여쭙기를

"폐하께서 진심으로 진나라와 국교를 맺으실 의향이 계시다면 경양군을 구태어 인질로 잡아 둘 필요가 어디 있습니까? 그러느니 보다 그를 본국으로 돌려 보내어 진나라 왕의 신임을 받는 것이 더 낫지 않겠습니까?"

제나라 왕이 이 말을 듣자 그 또한 일리가 있는지라 경양군을 곧 본국으로 돌려 보냈습니다.

맹상군은 식객들을 데리고 함께 함양으로 갔습니다. 그러나 진나라 소양왕이 친히 나와 맞으며 위풍이 당당하고 외모가 범상치 않은 그를 보고는 과연 듣던 바 그대로인지라 더욱 우러러 보게 되었습니다.

맹상군은 한 도성과 맞먹는 가치가 있는 백여우 가죽 옷을 진나라의 소양왕에게 선물로 바쳤습니다.

맹상군은 함양에 도착한 이후 진나라 소양왕의 두터운 사랑과 신임을 받게 되어 진나라 소양왕이 그를 재상으로 임명하려고 했습니다.

그러나 일부 진나라 대신들은 맹상군이 왕의 총애를 받는 것을 몹시 시기하고 그를 배척할 목적으로 서로 상의하여 음모를 꾀했습니다.

그리하여 당시의 재상인 수리자를 내세워 시비를 날조하여 백방으로 종용하니 진나라 왕이 이들의 설득에 넘어가 결국 맹상군을 가두어 버렸습니다.

경양군은 앞에서 말한 바와 같이 제국에 있을 때 맹상군과 이미 막역한 사이가 된 지라 진나라 왕이 신하들의 모함에 의하여 맹상군을 가두었다는 소식을 듣고는 급히 진나라 왕의 두터운 신임을 받고 있는 계집 연비를 찾아가 구원을 청했습니다.

그러자 연비는 그를 구해 주는 조건으로 자기에게 진나라 왕께 바쳤던 것과 같은 백여우 가죽 옷을 달라고 하였습니다.

경양군이 이 말을 맹상군에게 전해 주자 맹상군은 눈살을 찌푸리면서

"백여우 가죽 옷은 오직 한 벌 뿐이며 또한 이미 진나라 왕께 바쳤는데 또 어디에 있단 말이오?"

하고 난처해 했습니다.

옆에서 이 말을 듣고 있던 식객이

"주인님, 조금도 걱정하실 필요가 없습니다. 제게 좋은 수가 있습니다."

그날 밤, 그 식객은 개짖는 소리를 흉내내면서 진나라 궁의 옷 광으로 숨어들었습니다.

그곳을 지키고 있던 수위는 개인 줄 알고 경계를 소홀히 하게 되었고 식객은 무사히 그 백여우 가죽

옷을 훔쳐내 왔습니다.

연비가 백여우 가죽 옷을 얻은 지 얼마 안가서 진나라 왕은 마침내 맹상군의 석방을 명했습니다.

맹상군은 자기가 풀려나온 후 진나라 왕의 결정이 다시 반복될까 두려워 식객 일행을 데리고 야음을 타서 급히 제나라로 돌아갈 길을 서둘렀습니다.

그들이 함곡관까지 도망쳐 왔을 때 문이 굳게 닫혀 있어 나갈 수가 없었습니다.

한편 수리자는 진나라 왕이 맹상군을 석방했다는 말을 듣고 급히 진나라 왕을 배알하고는,

"폐하! 그를 풀어주는 것은 마치 범을 산 속으로 놓아 줌과 다를 바 없는 것이니 반드시 후환이 있을 것입니다."

하고 아뢰니 진나라 왕은 다시 군졸을 풀어 맹상군을 체포하라고 명령하였습니다.

그 때는 관문을 통과하려면 진나라의 국법에 따라 아침 첫닭이 울 때라야 문을 열게 되었습니다.

그러나 닭이 울기에는 아직 이른 야밤중인지라 맹상군은 매우 초조하기 짝이 없었습니다.

모두들 이제는 꼼짝 못하고 여기서 붙들려 살아 남지 못할 것이라고 조바심을 일으키고 있을 때, 식객 중의 한 사람이 불쑥 자리에서 일어서더니

"꼬끼요!"

하고 수탉의 울음 소리를 흉내내는 것이었습니다.

그의 목소리는 정말 닭이 우는 소리 같았습니다.

그의 목청이 떨어지자 마자 부근에 있던 다른 수탉들이 일제히 목을 빼고 어둠을 찢는 듯이 울었습니다.

수문장이 닭 우는 소리를 듣자 문 열 시간이 되었구나 하고는 여느 날과 마찬가지로 문을 열어 놓았습니다.

이리하여 맹상군 일행은 무사히 함곡관을 빠져 나갔습니다.

날이 새자 진나라의 병졸들이 달려왔습니다.

그러나 맹상군 일행은 벌써 이 문을 빠져 백 리를 달아난 뒤였으니 다시는 쫓을 수가 없었습니다.

이렇게 사람은 어디에도 쓸모가 있는 것이라 가볍게 보지 말아야 합니다.

〈原文〉

太公曰勿以貴己而賤人하고 勿而自大而蔑小하고
태 공 왈 물 이 귀 기 이 천 인 　 물 이 자 대 이 멸 소

勿以恃勇而輕敵이니라
물 이 시 용 이 경 적

마원께서 말씀하셨습니다.

"남의 허물을 듣거든 부모의 이름을 듣는 것과 같이 하여 귀로 들을지언정 입으로는 말하지 말 것이니라."

❀ 남의 잘못을 말하지 맙시다

이 글은 남의 허물을 듣기는 해도 자기의 입으로 말을 해서는 안된다는 가르침입니다.

남의 허물을 말하지 않는 것이 사람의 수양중에서 가장 중요한 위치를 차지하는 것입니다.

남의 허물을 잘못 말했다가는 사건이 크게 벌어져 수습할 수 없게 됩니다.

근거가 없는 말이라도 여러 사람이 말하면 곧이 들리게 됩니다.

한 가지 예를 들어 보겠습니다.

옛날 중국에 방총이라는 사람이 위나라의 태자와 함께 조나라 서울인 한단으로 인질로 가게 되었을 때, 방총이 위나라 왕에게 말했습니다.

"여기 한 사람이 있어 시장에 호랑이가 나왔다고 하면 왕께서는 그 말을 믿으시겠습니까?"

위왕은 빙긋이 웃었습니다.

"누가 그 말을 믿겠는가?"

"그럼 두 사람이 똑같이 시장에 호랑이가 나왔다고 하면 어떻게 생각하시겠습니까?"

"역시 의심스러운 일일테지."

"그럼 세 사람이 똑같이 말하면 왕께서 어떻게 하시겠습니까?"

"그건 믿을 수밖에 없겠지."

방총은 머리를 조아리며 말했습니다.

"왕이시여, 애당초 시장에 호랑이가 나온다는 것은 있을 수 없습니다. 그러나 세 사람씩이나 같은 말을 하면 시장에 틀림없이 호랑이가 나온 것이 됩니다. 저는 지금부터 양을 떠나 한단으로 갑니다. 한단은 양에서 시장보다는 훨씬 멉니다. 제가 떠난 뒤에 저의 일에 대하여 이러쿵 저러쿵 말을 하는 사람이 아마도 세 사람만은 아닐 것입니다. 왕이시여, 그런 말에는 부디 귀를 기울이지 마시기 바랍니다."

위왕은 서슴없이 대답했습니다.

"안심하라. 나는 내 자신의 눈 밖에 믿지 않을 것이다."

그런데 이렇게 당부하고 위왕과 헤어진 방총이 출발하자마자 바로 왕에게 중상 모략을 하는 말을 했습니다.

결국 뒷날 인질이 풀려 귀국한 것은 태자뿐이고 방총은 혜왕의 의심을 받아 위나라로 돌아오지 못하는 신세가 되고 말았습니다.

말이란 참으로 무서운 것입니다.

여러분은 자기 주위에서 나에게 아첨하고 나를 잘 한다고 추어주는 사람을 극히 경계하고 냉정하게 관찰하여야 합니다.

그리고 나를 비판하는 말을 잘 받아들여서 나의 허물을 고치기에 힘써야 할 것입니다.

〈原文〉

馬援이 **曰聞人之過失**이어든 **如聞父母之名**하여 **耳**
마원 왈문인지과실 여문부모지명 이
可得聞이언정 **口不可言也**이니라
가득문 구불가언야

태공께서 말씀하셨습니다.

"부지런히 일하는 것은 더 없는 귀중한 것이 될 것이요. 정성스럽게 하는 것은 이 몸을 보호하는 부적이니라."

❀ 부지런합시다

사람이 세상을 살아가는 방법에 있어서 제일 중요한 것이 바로 부지런한 것입니다.

옛날에 이런 말들이 있습니다.

○근면하면 천하에 어려운 일이 없다.

○일생의 계획은 부지런한 데 있다.

○작은 부자는 부지런한 데 있다.

○부지런히 노력함으로써 발전이 있고 결실이 있으며 성공이 있다.

옛날이나 지금을 막론하고 크고 작은 사업을 이룩했던 사람들 가운데 일찌기 부지런하지 않은 사람이 없었습니다.

우리 주변의 가난하거나 발전이 없는 사람을 잘 관찰해 보면 그 원인이 대부분 부지런하지 못한 데 있는 것을 볼 수 있습니다.

우리는 마땅히 부지런함을 생활의 기본으로 삼아 나가면 발전과 성공을 기약할 수 있습니다.

또 우리가 세상을 살아가는 데 있어서 무엇보다도 중요한 것은 말과 행동을 삼가하는 것입니다.

무슨 일이든지 함부로 덤비지 않는 것만이 나의 허물을 적게 해서 내 몸을 지키는 가장 좋은 길이라는 것을 명심해야 하겠습니다.

〈原文〉

太公이 曰勤爲無價之寶요 愼是護身之符니라.
태공 왈근위무가지보 신시호신지부

경행록에 이런 말씀이 있습니다.

"삶을 보전하려는 자는 욕심을 적게 하고 몸을 보전하려는 자는 이름을 피한다. 욕심을 없게 하기는 쉬우나 이름을 없게 하기는 어려우니라."

❀ 욕 심

사람이 세상을 살아 나가기 위해서는 지나친 욕심을 부려선 안됩니다.

지나친 욕심을 부리지 않고 꾸준히 노력을 하면

괜찮지만 욕심이 지나치면 실패하기가 쉽습니다.

이 글은 사람이 살아가는 데 있어서는 욕심을 적게 할 것을 가르친 교훈입니다.

그리고 자기의 몸을 잘 지키려면 이름이 지나치게 세상에 알려지는 것을 피해야 한다고 했습니다.

너무 이름이 알려지면 거기에 따라서 질투하는 사람도 생기고 두려워하는 사람도 생기게 됩니다.

그렇게 되면 몸이 위태로운 지경에 놓이게 되고 패가망신하기 쉽습니다.

진정으로 훌륭한 사람은 이름이 지나치게 높아지는 것을 경계합니다. 그러나 그런 것들이 말은 쉬워도 행동으로 옮겨 실행하기는 어렵습니다.

〈原文〉

景行錄에 曰保生者는 寡慾하고 保身者는 避名이니
경 행 록 왈 보 생 자 과 욕 보 신 자 피 명

無慾은 易나 無名은 難이니라
무 욕 이 무 명 난

공자께서 말씀하셨습니다.

"군자는 세 가지 경계할 것이 있으니 나이가 어릴 때는 혈기(血気)가 정하여지지 않았는지라 경계할 것이 여색(女色)에 있고, 몸이 장성함에 이르면 혈기가 바야흐로 강성한지라 경계할 것이

싸움하는데 있으며, 몸이 늙음에 이르면 혈기가 이미 쇠한지라 경계할 것이 탐(貪)하여 얻으려는데 있느니라."

❀ 경계해야 할 것들

공자님은 어린 시절과 청년기, 노년기 등 세 시기로 나누어 반드시 경계해야 할 일들을 말씀하셨습니다.

나이가 어릴 때는 몸이 아직 한창 자랄 때에 있느니만큼 여자를 가까이 하게 되면 신체의 발육에 큰 지장이 있게 되고 약한 체질로 변하기 쉽다고 했습니다.

또 사람이 완전히 커서 청년기가 되면 한창 힘이 왕성하여 남한테 지려 하지 않고 사소한 일에도 싸우려 듭니다.

힘이 있다고 힘만 믿고 다른 사람과 싸운다는 것은 교양이 있는 사람이 취해야 할 도리가 아닙니다. 자칫 잘못하면 몸을 다치거나 생명을 잃을 수도 있으며, 또 상대의 몸을 다치게 한다든지 죽게 하여 남과 원한을 맺을 뿐만 아니라 국법에 의하여 처벌을 받게 되니 어찌 경계해야 할 일이 아니겠습니까.

나이가 많으면 기운이 약해져서 육체적으로나 정신적으로 어려운 일을 감당하기가 어려워집니다.

그런데도 물건을 탐내어 이것을 얻으려 한다면 뜻대로 되지 않을 뿐만 아니라 오히려 건강을 해쳐서 죽음을 재촉하는 결과가 온다고 하였습니다.

'늙으면 욕심이 많다' 는 옛글이 있는 것처럼 그런 욕심은 부리지 말아야 합니다.

훌륭한 사람은 이 세 가지를 잘 지켜서 몸에 돌아올 화를 멀리 피하여 가기에 힘써야 합니다.

〈原文〉

子－曰君子－有三戒하니 小之時엔 血氣未定이라
자 왈군자 유삼계 소지시 혈기미정

戒之在色하고 及其壯也하얀 血氣方剛이라 戒之在
계지재색 급기장야 혈기방강 계지재

鬪하고 及其老也하얀 血氣旣衰라 戒之在得이니라
투 급기노야 혈기기쇠 계지재득

손진인의 양생명에 이런 말씀이 있습니다.

"성내기를 심히 하면 기운을 상하고, 생각이 많으면 크게 정신을 상한다. 정신이 피로하면 마음이 수고로워지기 쉽고, 기운이 약하면 병이 따라 일어난다. 슬퍼하고 기뻐하는 것을 심하게 말 것이며

음식은 마땅히 고르게 하고 밤에 술 취하지 말며, 첫째로 새벽녘에 성내는 것을 경계하라."

참고 손진인(孫眞人)ㅡ도가(道家)에 속하는 사람으로 이름은 알려지지 않고 있습니다.
양생명(養生銘)ㅡ몸과 마음을 건강하게 해서 오래 살기를 꾀하는 계명이라는 뜻입니다.

❀ 지나친 생각

이 글은 손진인이라는 도를 닦은 사람이 몸과 마음을 건강하게 해서 오래 사는 방법을 적은 것입니다.

사람이 너무 심하게 화를 내면 기운을 상하게 되니 화를 내는 것을 삼가야 하며, 생각이 너무 많으면 정신이 쇠약해지는 결과가 오니 너무 지나친 생각을 하지 말아야 한다고 했습니다.

그리고 슬픔과 기쁨이 너무 지나쳐도 정신에 손상이 가니 기쁨과 슬픔도 정도에 맞추어서 하라고 했습니다.

음식은 골고루 먹어서 영양을 고루 섭취해야만 합니다.

밤에 술 취하는 것은 몸에 극히 해로우니 이것은 절대 금해야 하고, 가장 중요한 것은 새벽에 화를 내지 않는 것이라고 말하고 있습니다.

〈原文〉

孫眞人養生銘에 云怒甚偏傷氣오 思多太損
손 진 인 양 생 명 운 노 심 편 상 기 사 다 태 손

神이라 神疲心易役이오 氣弱病相因이라 勿使悲歡
신 신 피 심 이 역 기 약 병 상 인 물 사 비 환

極하고 當令飮食均하며 再三防夜醉하고 第一戒
극 당 령 음 식 균 재 삼 방 야 취 제 일 계

晨嗔하라.
신 진

경행록에 이런 말씀이 있습니다.

"음식이 깨끗하면 마음이 상쾌하고 마음이 맑으면 잠을 편히 잘 수 있느니라."

❀ 간단한 음식

너무 기름진 음식을 지나치게 많이 먹으면 머리가 무겁고 정신이 흐려집니다. 정신이 흐려지면 공연한 꿈이 많아져서 잠자는 것도 편안하지 못합니다.

WC

잠을 잘 못 자게 되면 몸에 지장이 생기고 활동능력이 줄어듭니다.

우리는 언제나 먹는 것을 간단하고 깨끗한 것을 먹어 정신을 맑게 하고 마음 속을 깨끗하게 함으로써 잠자는 것을 편안하게 해야 합니다.

그렇게 해서 맑은 정신으로 활동능력을 향상시키며 건강하게 오래 사는데 힘써야 하겠습니다.

어린이 여러분, 여름철에는 너무 찬 음식만 먹으면 배탈이 나거나 설사가 나옵니다.

주의해서 식중독에 걸리지 말아야 합니다.

〈原文〉

景行錄에 曰食淡精神爽이오 心淸夢寐安이니라
경행록 왈식담정신상 심청몽매안

근사록에 이런 말씀이 있습니다.
"분(忿)을 징계하기를 옛 성인같이 하고, 욕심을 막기를 물을 막듯이 하라."

참고 근사록(近思錄)—송(宋)나라 때 주자(朱子)와 그의 제자인 여조겸(呂祖謙)이 함께 지은 책으로 인격 수양에 필요한 금언 622조목을 간추려서 14부로 나누어져 있습니다.

※ 욕심을 버립시다.

사람이 분한 마음을 일으키게 되면 감정에 치우치게 되고 모든 사물의 판단이 흐려져서 일을 망치게 됩니다.

그렇기 때문에 옛날 사람들은 분한 마음을 일으키지 않고 어진 마음을 갖기에 힘썼던 것입니다.

그래서 여기에서는 분을 징계하기를 옛성인과 같이 하라는 말을 하고 있습니다.

욕심이란 사람이 아주 경계하여 미리미리 방지하여야 합니다.

사람의 마음이 악해져서 옳지 못한 일을 행하여 사회의 질서를 혼란에 빠뜨리고 법을 위반하는 행위를 하다가 몸을 망치며 집안까지 망치는가 하면 나라를 망치고 천하 사람들에게 해독을 끼치는 것도 모두가 지나친 욕심때문입니다.

욕심에는 좋은 욕심과 좋지 않은 욕심이 있습니다.

배우려고 하는 욕심, 사회를 위하여 봉사하려는 마음, 또는 국가와 인류를 위하여 무엇인가 이바지해 보겠다는 마음도 사람의 욕심임에는 틀림이 없습니다.

여기에서 말하는 것은 그와 같은 좋은 욕심을 경

계하라는 것이 아니라 사람이 자기가 할 도리에서 벗어나면서까지 자기 혼자만이 잘 살겠다는 그릇된 욕심을 말하는 것입니다.

〈原文〉

近思録에 云懲忿을 如故人하고 窒慾을 如防水하라
근사록 운징분 여고인 질욕 여방수

순자께서 말씀하셨습니다.
"쓸데 없는 말과 급하지 않은 일은 그만 두고 다스리지 말라."

참고 순자(荀子 : 기원 전240~345) ―전국(戰國) 시대의 조(趙)나라 사람으로 이름은 황(況)이며, 성악설(性惡說)을 주장하였으며 저서로는 '순자'가 있습니다.

❀ 침묵은 금

다른 사람들과 접촉을 하는 데 있어 쓸데없는 말은 할 필요가 전혀 없습니다.

자칫 잘못 말하다 보면 상대방의 감정을 건드리기 쉽고 오해를 살 수 있으며 더 나아가서는 큰

침묵은 금

허물을 범할 수 있습니다.

또 말을 많이 하는 것은 자기의 교양을 낮추는 결과가 옵니다.

급하지 않은 일을 서두르는 것도 쓸데없는 말을 하는 것과 마찬가지로 아무 이익이 없습니다.

우리는 필요없는 말과 급하지 않은 일을 하지 않아서 내 몸에 화가 미치지 않도록 해야 하겠습니다.

〈原文〉

筍子 - 曰無用之辯과 不急之察을 棄而勿治하라.
순자 왈무용지변 불급지찰 기이물치

공자께서 말씀하셨습니다.

"모든 사람이 좋아하더라도 반드시 살펴야 하며 모든 사람이 미워하더라도 반드시 살펴야 하느니라."

❀ 현명한 길

여러 사람이 좋아한다고 해서 무조건 따라서 좋아해서는 안됩니다.

내가 반드시 살펴서 정말 좋다고 인정되었을 때 비로소 그들을 따라가야 합니다.

마찬가지로 여러 사람이 무엇을 미워한다고 해서 덩달아 따라 미워해서도 안됩니다. 반드시 살펴보아서 정말 미워할 만한 점이 있은 뒤에야 미워해야 합니다.

이 글은 무슨 일이든지 자신이 먼저 살피고 판단함으로써 밝은 길을 갈 것을 가르치고 있습니다.

〈原文〉

子-曰衆이 好之라도 必察焉하며 衆이 惡之라도 必
자 왈중 호지 필찰언 중 오지 필

察焉이니라.
찰언

태공께서 말씀하셨습니다.

"다른 사람을 먼저 알려면 먼저 스스로를 헤아려 보라. 남을 해치는 말은 도리어 스스로를 해치는 것이니 피를 머금어 남에게 뿜으면 먼저 자기의 입이 더러워 지느니라."

❀ 나를 해치는 것

어떤 일을 당하여 다른 사람의 좋고 나쁜 것을

알고 싶으면 먼저 나를 그 사람의 입장에 놓아두고 생각해 보라는 것입니다.

남을 헐뜯어 해치는 말은 도리어 나 자신을 해치는 것이 됩니다.

그렇기 때문에 옛글에 이런 말이 있습니다.

'남의 나라를 치는 것이 내 나라를 치는 것이고 남의 백성을 괴롭히는 것이 곧 내 백성을 괴롭히는 것이다.'

그리고 남을 욕하는 것은 먼저 자기의 입을 더럽게 하는 것이 됩니다.

남을 욕하고 헐뜯는 그 사람의 교양부터 남의 비판의 대상이 됩니다.

우리는 항상 남의 입장을 자신의 입장과 바꾸어서 남을 판단하여야 하며 공연히 남을 헐뜯고 욕하는 일을 해서는 안됩니다.

〈原文〉

太公이 **曰慾量他人**인대 **先須自量**하라 **傷人之語**는
태공 왈욕량타인 선수자량 상인지어
還是自傷이니 **含血噴人**이면 **先汚其口**이니라
환시자상 합혈분인 선오기구

"모든 희롱하는 것은 이익됨이 없고 오직 부지런한 것만이 공(功)이 있느니라."

❀ 시간은 금이다

즐겁게 노는 것만으로는 아무 이익이 없다는 말입니다. 근면하게 부지런히 일하는 것만이 무엇인가를 이룩하는 지름길입니다.

〈시간은 금이다〉

그 귀중한 시간을 놀이에 허비하는 것은 참으로 어리석은 일입니다.

한 번 가버린 시간은 영원토록 다시 돌아오지 않습니다.

우리는 시간을 낭비하지 말고 꾸준히 노력함으로써 성공의 길을 가야 합니다.

천재란 1%의 영감과 99%의 노력으로 이루어진다는 말처럼 가만히 앉아서 성공하려는 사람은 감이 익어 입으로 저절로 떨어져 들어오기를 기다리는 사람처럼 어리석기 짝이 없습니다.

凡戱는 **無益**이오 **惟勤**이 **有功**이니라
범희 무익 유근 유공

태공께서 말씀하셨습니다.

"남의 외 밭을 지나갈 때에는 신을 고쳐 신지 말고, 남의 오얏나무 밑에선 갓을 고쳐 쓰지 말라."

❀ 의심받는 일

남의 외밭 가에서는 신이 벗겨져도 고쳐 신을 생각을 말아야 합니다. 신을 고쳐 신기 위해 몸을 꾸부린다면 멀리서 보는 사람은 외를 따는 줄로 의심하게 됩니다.

또 남의 오얏나무 아래에서는 갓을 고쳐 쓰기 위해 손을 위로 올리지 말아야 합니다.

잘못하면 오얏나무 열매를 따는 것으로 의심을 받게 됩니다.

한 가지 옛 이야기를 하겠습니다.

중국의 전국시대.

제나라의 위왕은 왕에 오른지 9년이 되었으나 나라는 좀처럼 다스려지지 않았습니다.

나라의 실권은 주파호란 자가 손아귀에 넣고 흔들고 있었습니다.

주파호는 어질고 유능한 인재들을 아주 싫어하여

산동성의 대부가 무척 현명한 선비였는데도 그것을 매우 비난하였습니다.

반대로 아대부라는 자는 멍텅구리였는데도 오히려 그를 잘한다고 칭찬하고는 했습니다.

위왕의 후궁에 우희라는 여자가 있었는데 그 여자는 주파호의 행동을 보다못해 왕에게 호소하였습니다.

"주파호는 속이 검은 사람입니다. 더이상 등용하시면 안됩니다. 우리 나라에는 북곽선생이라는 덕이 높고 현명하신 분이 계시니까 그런 분을 등용하시는 것이 좋을 것입니다."

그런데 이 말이 그만 주파호의 귀에 들어가고 말았습니다.

주파호는 우희를 눈에 박힌 가시처럼 생각하여 어떻게든 우희를 몰아내려고 우희와 북곽선생의 사이가 수상하다고 떠들어댔습니다.

왕은 9층이나 되는 누각 위에 우희를 감금하고 관원에게 조사를 시켰습니다.

그러나 주파호는 이미 손을 써서 그 관원을 매수하고 있었으므로, 그 관원은 있는 일, 없는 일을 다 꾸며내어 우희에게 죄를 주려고 하였습니다.

그런데 왕은 그 조사방법이 수상쩍다고 생각하여 우희를 직접 불러 사실인가 아닌가를 알아보기로

??
오얏 도둑 잡아라!!

했습니다.

우희는 왕에게 조용히 아뢰었습니다.

"저는 10여 년 동안 진심으로 왕을 위해 힘을 다하고 있었습니다만 지금은 간사한 자의 모략에 빠지고 말았습니다. 제가 깨끗하다는 것은 뚜렷합니다만 한 가지 저에게 죄가 있다면 그것은 오이가 익은 밭에서 신발을 바꾸어 신으면 마치 오이를 도둑질하는 것 같이 보이고 오얏이 익은 나무 밑에서 손을 들어 관을 고치면 마치 오얏을 따는 것처럼 의심받을 일을 피하지 않았기 때문입니다. 왕께서 저에게 죽음을 내리신다 하여도 저는 더 이상 변명할 것이 없습니다. 그러나 오직 한 가지는 왕께서 들어주십시오. 지금 군신들은 다 나쁜 짓을 하고 있으나 그 중에서도 주파호가 가장 심합니다. 왕께서는 나라의 일을 그에게 일임하고 계시지만 이래서는 나라의 장래가 극히 위험하다는 말입니다."

우희는 이렇게 말하고 눈물을 흘렸습니다.

우희의 말이 진실이라는 것을 깨달은 위왕은 갑자기 꿈에서 깬 듯한 느낌이 들었습니다.

그래서 산동성의 즉묵 대부를 대신으로 봉하고 간신인 아대부와 주파호를 처벌하여 나라의 일을 바로 잡았기 때문에 비로소 제나라는 안정을 찾을 수 있었습니다.

이 글은 남에게 의심받을 일은 처음부터 하지 말라는 뜻의 가르침이니 여러분도 잘 기억하시기 바랍니다.

〈原文〉

太公이 曰瓜田에 不納履하고 李下에 不正冠이니라
태공 왈과전 불납리 이하 부정관

경행록에 이런 말씀이 있습니다.

"마음은 편하더라도 육신은 수고롭지 않을 수 없고, 도(道)는 즐거울지언정 마음은 걱정하지 않을 수 없다. 육신은 수고롭게 하지 않으면 게을러서 허물어지기 쉽고 마음이 걱정하지 않으면 주색에 빠져서 행동이 일정하지 않다. 그러므로 편안함은 수고로움에서 생기어 항상 기쁠 수 있고 즐거움은 근심하는데서 생기어 싫음이 없으니 편안하고 즐거운 자가 근심과 수고로움을 어찌 잊을 수 있겠는가?

❀ 활동과 행복

사람은 항상 활동해야 합니다. 그리고 마음은 항

상 몸가짐을 조심해야 합니다.

몸이 활동하지 않으면 게을러져서 허물어지기 쉽고 마음이 몸가짐을 근심하지 않으면 행동이 풀어져서 옳바른 길에서 벗어나기 쉽습니다.

몸을 수고롭게 해서 끊임없는 활동을 한 뒤에야 비로소 편안함을 얻게 되는 것이며 몸가짐을 근심해서 끊임없는 노력을 한 끝에야 비로소 즐거움을 얻을 수 있습니다.

몸이 편안하게 되면 수고롭던 때의 일을 생각하며, 즐거움을 얻었을 때는 마음이 근심하던 일을 잊어서는 안됩니다.

몸이 편안함을 얻었어도 수고하던 시절을 잊지 않고, 즐거움을 얻었어도 근심하던 시절을 잊지 않는 일이야말로 편안함과 즐거움을 오래 간직할 수 있는 유일한 방법입니다.

〈原文〉

景行錄에 曰心可逸이언정 形不可不勞요 道可樂이언정
경 행 록 왈 심 가 일 형 불 가 불 로 도 가 락

心不可不憂니 形不勞則怠惰易弊하고 心不憂
심 불 가 불 우 형 불 로 즉 태 타 이 폐 심 불 우

則荒淫不定故로 逸生於勞而常休하고 樂生於
즉 황 음 부 정 고 일 생 어 로 이 상 휴 락 생 어

憂而無厭하나니 逸樂者는 憂勞를 豈可忘乎아
우 이 무 염 일 락 자 우 로 기 가 망 호

채백계께서 말씀하셨습니다.

"기뻐하고 노여워하는 것은 마음 속에 있고, 말은 입밖으로 나가는 것이니 삼가하지 아니할 수 없느니라."

참고 채백계(蔡伯喈)—후한(後漢) 때의 학자로 이름은 옹(邕)이며, 자(字)는 백계입니다. 저서로는 '채중랑전집'을 저술했습니다.

❀ 마 음

한 번 엎질러진 물은 다시 주워 담을 수 없습니다.

이와 마찬가지로 말이 일단 입에서 나가면 줏어 담을 수 없다는 말입니다.

입은 재앙과 근심의 문이라는 옛말이 있습니다.

말을 함부로 해서 일이 빗나가고 몸을 망치는 일은 정말 많습니다.

말이란 아주 조심하지 않을 수 없습니다.

우리는 언제나 말을 적게 하고 조심해서 잘못이 몸에 닥쳐오지 않도록 해야 합니다.

蔡伯皆-曰喜怒는 在心하고 言出於口하니 不可不愼이니라
채백계 왈희노 재심 언출어구 불가불신

재여가 낮잠을 자는데 공자께서 말씀하셨습니다.
"썩은 나무는 다듬지 못할 것이고, 썩은 흙으로 만든 담은 흙손질을 못할 것이니라."

참고 재여(宰予)—춘추(春秋)시대 노(魯)나라 사람으로 자(字)는 자아(子我)혹은 재아(宰我)라고도 하며, 공자의 제자 중의 한 사람으로 말 솜씨가 뛰어났습니다.

❀ 정 신

이 글은 공자님이 재여가 낮잠 자는 것을 책망한 것입니다.

썩은 나무로는 조각을 할 수 없고 썩은 흙으로 만든 담은 흙손질을 할 수 없다는 말은 낮잠을 자는 흐트러진 정신자세로는 학문을 비롯하여 어떤 일도 이룰 수 없다는 것을 표현한 것입니다.

사람은 무슨 일을 하든 정신을 똑바로 차려야 합

니다.

정신을 똑바로 차리지 않고는 어떤 일도 성공을 기대할 수가 없습니다.

낮잠을 자는 일이야말로 할 일 없는 사람의 태도입니다. 우리는 먼저 정신자세를 가다듬는데 힘써야 할 것입니다.

〈原文〉

宰予-晝寢이어늘 子曰朽木은 不可雕也요 糞土之墻은 不可圬也니라
재여 주침 자왈후목 불가조야 분토지 장 불가오야

자허원군께서 말씀하셨습니다.

“복(福)은 검소하고 맑은 데서 생기고 덕(德)은 겸손하고 사양하는 데서 생기며 도(道)는 편안하고 고요한 데서 생기고 생명(生命)은 순하고 사모치는 곳에서 생긴다. 근심은 욕심이 많은 데서 생기고 재앙은 탐욕이 많은 데서 생기며 과실(過失)은 경솔하고 교만한 데서 생기고 죄악(罪惡)은 어질지 못한 데서 생긴다. 눈을 경계하여 다른 사람의 그릇된 것을 보지 말고 입을 경계하여 다른 사람의 결점을 말하지 말라.”

참고 자허원군(紫虛元君)－도가(道家)에 속하나 이름과 연대가 분명하지 않습니다.

❀ 사람의 행동

이 글은 모두가 금언(金言)이 아닌 것이 없습니다.

맑고 검소한 생활은 재앙을 사라지게 하고 복을 불러오는 계기가 될 수 있습니다.

몸을 낮추고 겸손하는 것은 아름다운 행위이니 이

런 사람은 항상 남들로부터 존경과 사랑을 받을 수 있습니다.

마음이 편안하고 고요한 데서 정신의 통일을 기대할 수 있고 진리를 깨달을 수 있습니다.

마음이 어질지 못하면 행동도 따라서 어질지 못합니다. 행동이 어질지 못하면 남을 해치거나 옳지 못한 일을 저지르게 됩니다.

이 모든 것을 주의하라고 자허원군은 말하고 있습니다.

〈原文〉

紫虛元君誠諭心文에 曰福生於淸儉하고 德生
자허원군성유심문 왈복생어청검 덕생
於卑退하고 道生於安靜하고 命生於和暢하고 憂生
어비퇴 도생어안정 명생어화창 우생
於多慾하고 禍生於多貪하고 過生於輕慢하고 罪生
어다욕 화생어다탐 과생어경만 죄생
於不仁이니 戒眼莫看他非하고 戒口莫談他短하고
어불인 계안막간타비 계구막담타단
戒心莫自貪嗔하고 戒身莫隨惡伴하고 無益之
계심막자탐진 계신막수악반 무익지
言을 莫妄說하고 不干己事를 莫妄爲하고 尊君
언 막망설 불간기사 막망위 존군
王孝父母하며 敬尊長奉有德하고 別賢愚恕無
왕효부모 경존장봉유덕 별현우서무
識하고 物順來而勿拒하며 物旣去而勿追하고 身
식 물순래이물거 물기거이물추 신

未遇而勿望하며 事已過而勿思하라 聰明도 多暗
미우이물망 사이과이물사 총명 다암
昧요 算計도 失便宜니라 損人終自失이오 依勢
매 산계 실편의 손인종자실 의세
禍相隨라 戒之在心하고 守之在氣라 爲不節而
화상수 계지재심 수지재기 위불절이
亡家하고 因不廉而失位니라 勸君自警於平生하나니
망가 인불렴이실위 권군자경어평생
可歎可警而可思니라 上臨之以天鑑하고 下察之
가탄가경이가사 상임지이천감 하찰지
以地祇라 明有三法相繼하고 暗有鬼神相隨라
이지지 명유삼법상계 암유귀신상수
惟正可守요 心不可欺니 戒之戒之하라
유정가수 심불가기 계지계지

"만족함을 아는 사람은 가난하고 천하여도 역시 즐거운 것이요, 만족함을 모르는 사람은 부(富)하고 귀(貴)하여도 역시 근심하느니라."

❀ 만 족

사람이 자기를 알고 만족을 느끼게 되면 마음이 즐겁지만 욕심을 부리는 마음이 끝이 없다면 근심도 마음 속에서 떠나지 않습니다.

사람의 욕심이란 끝이 없는데 분수를 알아 만족

할 줄 알면 마음이 즐거울 뿐만 아니라 행복하게 됩니다.

그러나 만족할 줄 모르고 계속 욕심을 부린다면 오히려 재난이 닥쳐오기 쉽습니다.

여러분들은 사회를 위하여 무슨 일을 할 것이 없는가에 욕심을 부리는 것은 좋습니다.

그러나 그것도 지나치면 나쁜 영향을 미칠 수 있으니 항상 조심해야 하겠습니다.

"쓸데없는 생각은 오직 정신을 상할 뿐이요, 허망한 행동은 도리어 재앙만 불러 일으키느니라."

❀ 쓸데없는 생각

우리는 가끔 쓸데없는 생각을 합니다.

그것은 시간의 낭비일 뿐이며 정신까지 상하게 하는 아주 나쁜 것입니다.

옛날에 어떤 사람이 갑자기 공포를 느끼게 되었습니다.

"하늘이 무너지면 피하지도 못하고 깔려 죽는 것이 아닐까?"

그 사람은 생각할수록 걱정이 되어 밤잠을 이루지 못하고 먹는 것까지도 잊게 되었습니다.

이 사람은 성격이 괴팍하고 사람들과 어울리지도 않아 친구들도 떨어져 나갔습니다.

그의 친구 한 사람이 그가 이상하게도 침식을 잊고 나날이 몸이 말라가는 것을 보고 딱하게 여겨 그 까닭을 물었습니다.

"자네, 무슨 일이 있나? 얼굴이 형편없군 그래."

그 사람은 한참 후에야 말했습니다.

"자네 하늘을 알지?"

"하늘을 모르는 사람도 있는가?"

"그 하늘은 아무 때나 무너질 수가 있네. 생각해 보게. 저 하늘이 무너진다면 자네는 살아 남을 수 있겠나?"

"이 사람아, 그런 일이라면 걱정할 필요가 하나도 없네. 지금까지 말짱한 하늘이 왜 무너지겠나? 하늘은 빈 거라네."

그러나 그 사람은 친구의 말을 믿으려 하지 않고 더욱 목소리를 높였습니다.

"하늘은 하나의 물체라네. 그 큰 물체가 높은 곳에 매달려 있는데 오래 가면 반드시 떨어질 거야. 자네 말처럼 하늘이 빈 것이라면 해·달·별은 매달릴 곳이 없지 않은가? 역시 그것들이 떨어지면 우리는 꼼짝없이 깔려 죽고 말 거네. 이 얼마나 무서운 일인가?"

그러자 친구가 타일렀습니다.

"하늘은 우주의 기운이 가득차서 이루어졌고 땅도 기운이 뭉쳐서 이루어진 것이네. 해·달·별 또한 기운이 쌓여 있는 가운데 빛이 있는 것이라 만약 자네 말대로 설사 하늘이 무너져 떨어진다 해도 상하는 일은 없을 것이네. 그런 걱정은 아예 하지도 말게."

그러나 그의 고집은 아무도 꺾을 수가 없었습니다. 그는 결국 하늘이 무너질 날을 기다리는 꼴이 되어 평생을 근심 걱정 속에서 살아야 했습니다.

이런 엉터리 생각에 귀중한 시간을 빼앗기면 무슨 일을 이룰 수 있겠습니까?

〈原文〉

濫想은 徒傷神이오 妄動은 反致禍니라
남상 도상신 망동 반치화

서경에 이런 말씀이 있습니다.

"가득차면 덜림을 당하고 겸손하면 오히려 이익을 얻느니라."

참고 서경(書經)—삼경의 하나로 중국 요순(堯舜) 시대부터 주(朱) 나라 시대까지 정사에 관한 문서를 공자가 수집하여 편찬한 책으로 나중에 송(宋) 나라의 채침(蔡沈)이 해설한 것을 서전(書傳) 이라고 하며 전부 20권 58편으로 되어 있습니다.

❀ 약간 모자라는 것이 좋습니다

달도 차면 기운다는 말이 있습니다.

권세

가득찬다는 것은 아주 절정에 이른 것을 뜻합니다. 또 무슨 물건이든 최대한 성하면 반드시 약해지기 마련입니다.

그렇기 때문에 옛 사람들 가운데는 몸이 아주 귀하게 되는 것을 꺼려서 벼슬을 사양하는 일이 많았고 명예가 너무 나타나는 것을 두려워하여 몸을 근신하는 이가 많았습니다.

권세라든지 명예가 꼭대기까지 이르면 시기하고 미워하는 자가 생겨 몸이 위태로와집니다.

겸손은 미덕입니다.

겸손한 사람은 누구나 다 그와 친하게 되어서도 우려합니다. 그렇기 때문에 겸손은 이익을 얻는다고 했습니다.

우리는 권력이나 명예가 극도에 이르는 것을 피하고 겸손한 생활태도를 가져야만 하겠습니다.

〈原文〉

書에 曰滿招損하고 謙受益이니라
서 왈만초손 겸수익

안분음에 이런 말씀이 있습니다.
“편안한 마음으로 분수를 지키면 몸에 욕됨이 없을 것이요, 세상의 돌아가는 형편을 잘 알면 마음이 스스로 한가하나니 비록 인간 세상에 살더라도 도리어 인간 세상에서 벗어나는 것이니라.”

참고 안분음(安分吟)—송(宋)나라 때의 안분시(安分詩)를 일컬으며 지은이는 알려지지 않습니다.

❀ 분수를 압시다

자기 분수에 편안하면 몸에 욕됨이 돌아오지 않습니다.
그리고 세상 일이 돌아가는 기틀을 알게 되면 마음이 한가로와집니다.
이런 경지에 이르게 되면 비록 인간 세상에 살더라도 인간 세상을 벗어나서 사는 것이나 마찬가지라고 했습니다.

〈原文〉
安分吟에 曰安分身無辱이오 知機心自閑이니 雖
안분음 왈안분신무욕 지기심자한 수

居人世上이나 却是出人間이니라
거 인 세 상　　각 시 출 인 간

격양시에 이런 말씀이 있습니다.

"부귀(富貴)를 지혜와 힘으로 구할 수 있다면 중니(仲尼)는 젊은 나이에 마땅히 제후(諸侯)에 봉해졌을 것이다. 세상 사람들은 푸른 하늘의 뜻을 알지 못하고 헛되이 몸과 마음으로 하여금 한밤중에 근심하게 하느니라."

참고 격양시(擊壤詩)—송 나라 때 소 옹(邵雍)이 지은 이천격양시집에 있는 시로 모두 20권으로 되어 있습니다.

❀ 하늘의 뜻

부귀라는 것은 지혜나 힘으로 구할 수 있는 것이 아닙니다.

만약 그런 것들을 지혜와 힘으로 구할 수 있는 것이라면 공자님은 젊었을 때 이미 한 나라를 차지하였을 것이라는 말입니다.

세상 사람들은 운명이 이미 정해져 있다는 것을

알지 못하고 부질없이 한밤중에 몸과 마음이 다 피곤하도록 애를 태우고 있다는 말입니다.

하늘의 뜻은 이미 정해져 있는 것이니 부질없는 행동은 하지 말아야 합니다.

〈原文〉

擊壤詩에 云富貴를 如將智力求인대 仲尼도 年少合封侯라 世人은 不解靑天意하고 空使身心半夜愁이니라

격양시 운부귀 여장지력구 중니 년소합봉후 세인 불해청천의 공사신심반야수

범충선공께서 말씀하셨습니다.
"자신은 비록 어리석을지라도 남을 책(責)하는 데는 밝고, 비록 재주가 있다해도 자기를 용서하는 데는 어둡다. 너희들은 마땅히 남을 책하는 마음으로써 자기를 책하고, 자기를 용서하는 마음으로써 남을 용서한다면 성현(聖賢)의 경지(境地)에 이르지 못할 것을 근심할 것이 없느니라."

참고 범충선(范忠宣)—중국 북송(北宋) 시대의 재상으로 이름은 순인(純仁)이고, 시호는 충선(忠宣)으로 지극히 효성스러웠으며 인종(仁宗)때의 명신 범중암(范仲淹)의 둘째 아들입니다.

❀ 용서하는 마음

아무리 어리석은 사람도 남의 잘못을 꾸짖는 데는 밝습니다.

그리고 아무리 총명한 사람도 자기의 잘못을 용서하는 데는 어둡습니다.

즉 자기가 저지른 잘못은 용서하면서도 남의 잘못에는 용서가 없습니다. 이것은 어디까지나 잘못입니다.

범충선공은 자녀들에게 남을 꾸짓는 마음으로 자기 스스로를 꾸짓고 자기를 용서하는 마음으로 남을 용서하는 마음을 가지라고 했습니다.

그렇게 하면 마음의 교양을 쌓아 올바른 길로 나아갈 수 있을 것입니다.

〈原文〉

范忠宣公이 戒子弟曰人雖至愚나 責人則明하고
범충선공 계자제왈인수지우 책인즉명
雖有聰明이나 恕己則昏이니 爾曹는 但當以責人
수유총명 서기즉혼 이조 단당이책인
之心으로 責己하고 恕己之心으로 恕人則不患不到
지심 책기 서기지심 서인즉불환부도
聖賢地位也이니라
성현지위야

공자께서 말씀하셨습니다.

"총명하고 생각이 뛰어나도 어리석은 체하여야 하고 공(功)이 천하를 덮을만 하더라도 겸양하여야 하고 용맹이 세상에 떨칠지라도 늘 조심하여야 하고 부유한 것이 사해(四海)를 차지했다 하더라도 겸손하여야 하느니라."

❀ 뽐내지 맙시다

이 글은 남보다 뛰어난 사람의 몸가짐에 대한 방법을 설명하고 있습니다.

내가 지혜가 뛰어나고 생각하는 것이 밝다 해서 그것을 세상에 내보이려고 한다면 그것은 교양이 부족하기 때문입니다.

공이 천하를 덮는다 해서 우월감을 가지고 세상 사람을 대해서는 안됩니다. 어디까지나 겸손한 태도를 취하는 것이 그 공을 오래 간직하는 길입니다.

용맹이 천하를 진동하고 큰 부자라고 하더라도 역시 겸손한 태도로 지켜야만 사람들로부터 욕을 먹지 않는 가장 좋은 방법인 것입니다.

〈原文〉

子－曰聰明思睿라도 守之以愚하고 功被天下라도
자　왈총명사예　　수지이우　　공피천하

守之以讓하고 勇力振世라도 守之以怯하고 富有四
수지이양　　용력진세　　수지이겁　　부유사

海라도 守之以謙이니라
해　　수지이겸

소서에 이런 말씀이 있습니다.

"박하게 베풀고 후한 것을 바라는 자에게는 보답이 없고, 몸이 귀하게 되고 나서 천했던 때를 잊는 자는 오래 계속하지 못하느니라."

참고 소서(素書)—한(漢)나라 때의 황석공(黃石公)이 지은 책으로 그후 송(宋) 나라의 장상영(張商英)이 주(註)를 달아 펴낸 병서입니다.

❀ 사람의 태도

남에게 얼마간의 은혜를 베풀었다고 그 보답을 바라는 것은 사람의 올바른 태도라고 할 수 없습니다.

남에게 은혜를 베풀거든 그 일을 마음에 두지 말라고 하였습니다.

만일 보답을 받을 생각이 있다면 처음부터 은혜를 베풀지 않는 편이 좋습니다.

그렇기 때문에 옛 사람들은 남에게 은혜를 베풀면서도 자기가 어떤 사람이라는 것을 알리지 않으려고 애를 썼습니다.

우리도 아름다운 일을 했을 때 자기를 내세우지 말아야 합니다.

素書에 云薄施厚望者는 不報하고 貴而忘賤者는
소서 운박시후망자 불보 귀이망천자
不久니라
불구

손사막께서 말씀하셨습니다.
"담력은 크게 가지도록 하되 마음가짐은 섬세해야 하고 지혜는 원만하도록 하되 행동은 방정하도록 해야 하느니라."

참고 손사막(孫思邈)－당(唐)나라 때의 명의로 '천금방(千金方)' 93권을 저술하였습니다.

❀ 용 기

사람은 용기가 있어야 닥쳐올 험한 일을 극복하고 으로 나갈 수 있습니다.
용기가 없으면 힘든 일을 견뎌내지 못하기 때문에 중에서 물러서거나 실패하고 말아서 어떤 일이라도 공을 기대할 수 없습니다.
그렇기 때문에 사람은 일을 함에 있어 용기를 길 야만 합니다.

반면에 마음가짐은 조심하고 세밀하여야 합니다.

마음가짐이 조심스럽지 못하고 세밀하지 못하다면 일에 결점이 많이 생겨서 실패하는 원인이 됩니다.

그리고 지혜는 자꾸 길러야 하고 행동은 바르고 단정해야 한다는 말입니다.

〈原文〉

孫思邈이 曰膽欲大而心欲小하고 知欲圓而行
손 사 막 왈 담 욕 대 이 심 욕 소 지 욕 원 이 행

欲方이니라
욕 방

"법을 무서워하면 언제나 즐거울 것이요, 나라 일을 속이면 날마다 걱정이 되느니라."

❀ 나라의 법

나라의 법을 잘 지키는 사람은 아무것도 두려울 것이 없습니다. 그렇기 때문에 당연히 마음이 즐거울 것입니다.

그러나 나라 일을 속여서 법을 어겼다면 그 사람은 국가에서 체포하여 처벌을 당하게 됩니다.

그래서 하루라도 마음이 편안한 날이 없을 것입니다.

우리는 언제나 나라의 법을 잘 지켜서 즐거운 마음으로 그날 그날의 생활을 해나가야 합니다.

〈原文〉

懼法 - 朝朝樂이오 欺公日日憂니라
구법 조조락 기공일일우

주문공께서 말씀하셨습니다.
"입을 지키는 것은 병과 같이 하고 뜻을 막기를 성을 지키는 것 같이 하라."

참고 주문공(朱文公)—남송(南宋) 때의 대유학자인 주자(朱子)를 일컬으며 이름은 희(熹), 자는 원회(元晦) 또는 중회(仲晦), 호는 회암(晦庵)입니다.
성리학(性理學)을 대성시켰으며 이를 주자학(朱子學)이라고도 합니다.
'소학(小學)', '근사록(近思録)' 등을 지었습니다.

❀ 입과 뜻

사람은 말을 잘 못해도 안됩니다.

한 나라의 국회의원이 되는 데에도 말을 잘 못하면 당선되기가 어려운 것이 사실입니다.

그러나 말은 항상 조심하지 않으면 돌아서는 해가 반드시 있게 마련입니다.

또 우리는 나쁜 뜻이 마음 속에서 싹트는 것을 마치 튼튼한 성곽으로 외적의 침입을 막는 것처럼 굳게 막으라는 뜻입니다.

나쁜 뜻이 싹트는 것을 굳게 막아버려서 마음이

약해지고 행동이 그릇되는 것을 미리 방지하라는 가르침입니다.

〈原文〉

朱文公이 曰守口如瓶하고 防意如城하라.
주 문 공 왈수구여병 방의여성

구래공의 육회명에 이런 말씀이 있습니다.
"벼슬아치가 사사로운 일을 행하면 벼슬을 잃을 때 뉘우치게 되고 돈이 많을 때에 아끼어 쓰지 않으면 가난해졌을 때 뉘우치게 되고, 재주를 믿고 어렸을 때 배우지 않으면 시기가 지났을 때 뉘우치게 되고 취한 뒤에 함부로 말하면 술이 깨었을 때 뉘우치게 되고 몸이 건강했을 때 조심하지 않으면 병이 들었을 때 뉘우칠 것이니라."

참고 구래공(寇來公)—북송(北宋) 시대의 재상으로 성은 구(寇), 이름은 준(準), 자는 평중(平仲)으로 요(遼)나라가 침범했을 때 이를 잘 수습한 공으로 내국공(來國公)에 봉해졌기 때문에 구래공'이라 불리워졌습니다.

※ 미리 조심합시다

관직에 있는 사람은 청렴결백한 자세로 직무에 충실해야만 그 자리에 오래 있을 수 있고 발전할 수 있습니다.

돈에 눈이 어두워 부정한 짓을 행한다면 자연히 사람들에게 알려서 벼슬을 잃게 되니 그때 가서 후회하여도 소용이 없다는 말입니다.

또 부자였을 때 아껴 쓰지 않으면 가난해지기 마련입니다.

가난해진 뒤에 후회하지 말고 부자였을 때 절약하여 오래도록 부자로 있어야 하지 않겠습니까?

재주란 젊었을 때 배워야 배우는 속도도 빠르고 쉽게 배울 수 있습니다.

그 때를 놓치게 되면 아무리 노력을 해도 배워지지 않으니 후회한들 무슨 소용이 있겠습니까?

사람들은 흔히 술이 취하게 되면 함부로 떠들고, 따라서 많은 실수를 하게 됩니다.

그것을 깨어난 뒤에 후회해도 그건 이미 엎질러진 물입니다.

술에 취했더라도 말조심하는 습관을 길러야 하는데 그건 아직 우리 어린이들에게 해당되지 않는 말입니다.

그리고 몸이 건강할 때 충분히 보살피지 않는다면 병들고 난 뒤에 후회해도 무슨 소용이겠습니까?

우리는 평소에 충분히 건강을 돌보아서 병이 나는 일이 없도록 각별히 조심하여야 합니다.

〈原文〉

寇萊公六悔銘에 云官行私曲失時悔요 富不
구래공육회명 운관행사곡실시회 부불

儉用貧時悔요 藝不少學過時悔요 見事不學用
검용빈시회 예불소학과시회 견사불학용

時悔요 醉後狂言醒時悔요 安不將息病時悔니라
시회 취후광언성시회 안부장식병시회

익지서에 이런 말씀이 있습니다.

“차라리 아무 사고 없이 가난할지언정 사고가 있으면서 집이 부자가 되지 말 것이요. 차라리 아무 사고 없이 나쁜 집에 살지언정 사고 있으면서 좋은 집에 살지 말 것이요. 차라리 병이 없어 거친 밥을 먹을지언정 병이 있어 좋은 약을 먹지 말 것이니라.”

❀ 평 화

사고가 있으면서 부자가 되는 것보다는 집이 가난하더라도 사고가 없는 것이 좋습니다.

그리고 사고가 있으면서 좋은 집에 사는 것보다는 오막살이 집에 살더라도 사고가 없는 것이 더 좋은 겁입니다.

병이 있어서 좋은 약을 먹기보다는 병이 없으면서

나쁜 음식을 먹는 것이 더 좋습니다.

사람이 살아가는 데 있어서는 무엇보다도 아무 말썽이 없이 사는 것보다 더 좋은 일은 없습니다.

아무리 돈이 없고 좋은 집에 살더라도 사고가 있다면 극히 불행한 일입니다. 몸에 병이 있는 것은 더 괴로운 일입니다.

우리는 무엇보다도 아무 사고가 없이 한 가족이 명랑하게 살며 몸에 병이 없는 생활을 하도록 다같이 노력하여야 하겠습니다.

〈原文〉

益智書에 云寧無事而家貧이언정 莫有事而家富요 寧無事而住茅屋이언정 不有事而住金屋이요 寧無病而食麁飯이언정 不有病而服良藥이니라

(익지서 운영무사이가빈 막유사이가부 영무사이주모옥 불유사이주금옥 영무병이식추반 불유병이복양약)

"아내와 자식을 사랑하는 마음으로써 어버이를 섬긴다면 그 효도를 극진히 할 수 있을 것이요. 부귀를 보전하려는 마음으로써 임금을 받든다면 그 어느 때나 충성이 아니됨이 없을 것이요. 남을 원망하는 마음으로써 자신을 원망한다면 허물이 적을 것이요. 자기를 용서하는 마음으로써 남을 용서한다면 사귐을 완전히 할 수 있을 것이니라."

❀ 충 · 효 · 우정

모든 사람들이 아내와 자식을 사랑하는 마음은 극진합니다.

이렇게 사랑하는 마음으로 부모님을 섬긴다면 두말할 필요도 없이 진정한 효도라고 할 수 있습니다.

잘 살기를 원하며 잘 사는 것을 지키려는 사람의 마음은 한시도 머리에서 떠나지 않습니다.

그런 마음으로 나라를 위하고 임금을 받든다면 그건 진정한 충성이라고 할 수 있읍니다.

사람은 남의 잘못은 크게 꾸짖으면서 자기의 잘못은 별것이 아니라고 생각하는 경우가 많습니다.

이것은 사람의 큰 결점입니다.

남의 잘못을 꾸짖는 마음으로 자기의 잘못을 꾸짖는다면 자기의 허물이 고쳐져서 잘못이 적어질 것입니다.

또 자기를 용서하는 마음으로 남의 잘못을 용서한다면 남도 그런 우정에 감탄하여 좋은 친구 관계를 오래 유지해 나갈 수 있습니다.

이 글은 나라에 대한 충성, 부모에 대한 효도, 친구와의 우정을 잘 표현한 가르침입니다.

〈原文〉

以愛妻子之心으로 事親則曲盡其孝요 以保富
이 애 처 자 지 심 사 친 즉 곡 진 기 효 이 보 부
貴之心으로 奉君則無往不忠이오 以責人之心으로
귀 지 심 봉 군 즉 무 왕 불 충 이 책 인 지 심
責己則寡過요 以恕己之心으로 恕人則全交니라.
책 기 즉 과 과 이 서 기 지 심 서 인 즉 전 교

"일을 만들면 일이 생기고 일을 덜면 일이 없어지느니라."

❀ 일

일이란 만들려고 하면 한없이 많아지고 줄이려 들면 역시 많이 줄어들게 되어 있습니다.

우리는 일을 복잡하게 만들기 보다는 간단하게 줄이는데 힘을 써야 합니다.

그렇다고 해서 대충 일을 해치우려는 생각을 해서는 안됩니다.

일에 지장을 가져오지 않는 범위 안에서 시간도 줄이고 능률도 올리는 것이 가장 좋은 방법입니다.

〈原文〉

生事事生이오 省事事省이니라
생 사 사 생 성 사 사 성

경행록에 이런 말씀이 있습니다.

"사람의 성품은 물과 같아서 물이 한 번 기울어지면 가히 돌이켜 질 수 없고 성품이 한 번 놓여지면 바로 잡을 수 없을 것이니 물을 잡으려면 반드시 둑을 쌓음으로써 되고 성품을 옳게 하려면 반드시 예법을 지킴으로써 되느니라."

❀ 사람의 성품

이 글은 사람의 성품을 물에다 비교하고 있습니다. 물이 한 번 엎질러지면 주워담을 수 없는 것처럼 사람의 성품도 한 번 이루어지면 돌이키기 어렵습니다.

그렇기 때문에 둑을 쌓아서 물을 막는 것 같이 예의로서 성품이 나빠지는 것을 막도록 힘써야 하겠습니다.

〈原文〉

景行錄에 云人性이 如水하야 水一傾則不可復이오
경행록 운인성 여수 수일경즉불가복
性一縱則不可反이니 制水者는 必以堤防하고 制
성일종즉불가반 제수자 필이제방 제
性者는 必以禮法이니라
성자 필이예법

"한 때의 분함을 참으면 백 날의 근심을 면할 수 있느니라."

※ 참아야 합니다

옛말에 '참을 인(忍)자를 마음 속에서 세 번만 외워도 살인을 면할 수 있다'고 했습니다.

이 글은 참고 참으며 경계하고 또 경계해서 자기의 분수를 알 것을 설명하고 있습니다.

한 번 참으면 될 일을 가지고 급한 마음에 참지 못하면 돌이킬 수 없는 상태로 일이 크게 벌어지는 일이 있습니다.

우리는 모든 일에 참고 견디며 앞과 뒤를 살펴 행동하여 작은 실수라도 하지 않도록 해야 하겠습니다.

〈原文〉

忍一時之忿이면 免百日之憂이니라
인일시지분 면백일지우

“어리석고 똑똑하지 못한 사람이 성을 내는 것은 다 이치를 알지 못하기 때문이다. 마음 위에 화를 더하지 말고 다만 귓전을 스치는 바람결로 여겨라. 장점과 단점은 모든 집마다 다 있고 따뜻하고 싸늘한 것은 곳곳이 같으니라. 옳고 그름만이란 본래 실상(實相)이 없어서 마침내는 모두가 빈 것이 되느니라.”

❀ 부질없는 짓

어리석은 사람이 화를 잘 내는 것은 지혜롭지 못하기 때문입니다.

남이 나에 대해서 건방진 말이나 행동을 한다면 그것을 귓전을 스치고 지나가는 바람결로 여기면 그만입니다.

사람마다 좋은 점과 나쁜 점이 다 있고 세상 사는 는 데도 마찬가지인데 구태여 남과 옳으니 틀리니 시비를 하려고 할 필요가 없습니다.

여러분들도 남과 싸우려 하지 말고 친구들과 사이 좋게 지내는 착한 사람이 됩시다.

〈原文〉

愚濁生嗔怒는 皆因理不通이라 休添心上火하고
우탁생진노 개인리불통 휴첨심상화
只作耳邊風하라 長短은 家家有요 炎凉은 處處同
지작이변풍 장단 가가유 염량 처처동
이라 是非無相實하여 究竟摠成空이니라
시비무상실 구경총성공

자장께서 말씀하셨습니다.

"몸을 닦는 가장 아름다운 길을 말씀해 주시기 바랍니다."

공자님께서 말씀하셨습니다.

"모든 행실의 근본은 참는 것이 그 으뜸이니라."

자장께서 말씀하셨습니다.

"어찌하면 참는 것이 되나이까?"

공자님께서 말씀하셨습니다.

"천자가 참으면 나라에 해가 없고, 제후가 참으면 큰 나라를 이룩하고, 벼슬아치가 참으면 그 지위가 올라가고 형제가 참으면 집안이• 부귀하고, 부부가 참으면 일생을 해로할 수 있고 친구끼리 참으면 이름이 깍이지 않고, 자신이 참으면 재앙이 없느니라."

참고 자장(子張)—성은 전손(顚孫)이며, 이름은 사(師), 자장은 그의 자(字)이며 공자의 제자로 말솜씨가 매우 뛰어났습니다.

❀ 참는 마음

자장이 스승인 공자님의 곁을 떠나면서 공자님을 향해 몸을 닦는 데 있어서 가장 현명한 방법을 묻게 되었습니다.

그 때, 공자는 모든 행동의 근본으로써 참는 것이 첫째라고 말하여 들려주었던 것입니다.

자장은 공자님의 참으라는 말씀이 잘 이해가 가지 않아 참는 것이 어떻게 좋은 결과를 가져올 수 있는가를 묻게 되었습니다.

여기에 대해 공자님은 여러 사람이 참았을 경우에 어떤 좋은 결과가 오리라는 것을 일일이 설명하신 것입니다.

여러분들도 화가 난다고 금방 화를 내지 말고 몇 번이라도 더 참아서 좋은 결과가 있어야 되겠습니다.

〈原文〉

子張이 欲行에 辭於夫子할새 願賜一言이 爲修身
자장 욕행 사어부자 원사일언 위수신
之美하노이다 子 - 曰百行之本이 忍之爲上이니라 子張
지미 자 왈백행지본 인지위상 자장

曰何爲忍之닛고 子－曰天子－忍之면 國無害하고
왈 하 위 인 지 자 왈 천 자 인 지 국 무 해

諸侯－忍之면 成其大하고 官吏－忍之면 進其位
제 후 인 지 성 기 대 관 리 인 지 진 기 위

하고 兄弟－忍之면 家富貴하고 夫妻－忍之면 終其
형 제 인 지 가 부 귀 부 처 인 지 종 기

世하고 朋友－忍之면 名不廢하고 自身－忍之면 無
세 붕 우 인 지 명 불 폐 자 신 인 지 무

禍害니라
화 해

"악한 사람이 착한 사람을 꾸짖거든 착한 사람은 전연 대꾸하지 말라.
대꾸하지 않는 사람은 마음이 맑고 한가하나, 꾸짖는 자는 입에 불이 붙는 것처럼 뜨겁게 끓느니라. 마치 사람이 하늘에다 대고 침을 뱉는 것 같아서 그것이 도로 자기 몸에 떨어지느니라."

누워서 침뱉기

남이 나에 대하여 아무리 욕설을 퍼붓고 욕을 하더라도 이것에 대해 맞장구를 치지 말라는 것입니다.
우리 나라 속담에 '누워서 침뱉기'란 말이 있습니다.

대꾸하지말자!!

누워서 침을 뱉으면 그 침은 다시 자기 얼굴 위에 떨어지고 맙니다.

그것은 바로 욕하는 사람이 오히려 입이 더러워지고 그 욕이 자기에게 돌아온다는 뜻입니다.

욕을 먹는 사람은 한때 분한 마음을 참기만 하면 마음이 편안하고 아무것도 해가 될 것이 없다는 말입니다.

〈原文〉

惡人이 罵善人커든 善人은 摠不對하라 不對는 心
악인 매선인 선인 총부대 부대 심

淸閑이오 罵者는 口熱沸니라 正如人唾天하여 還從
청한 매자 구열비 정여인타천 환종

己身墜니라
기신추

"모든 일에 인자스럽고 따뜻한 정을 남겨두면 뒷날 만났을 때는 좋은 낯으로 서로 보게 되느니라."

❀ 인 정

사람은 언제나 남을 돕고 남에게 따뜻하게 대해야 합니다.

남에게 인정을 베풀고 따뜻하게 대하는 일이야말로 가장 아름다운 일이 아니겠습니까?

그렇게 되면 상대방도 그 고운 마음씨에 감동되어 인정을 베푼 사람을 존경하고 따르게 될 것입니다.

또 언제 어디에서 만나더라도 따뜻한 대접을 받을 것입니다.

우리도 남을 따뜻하게 대하여 후에 서로 좋은 얼굴로 만날 수 있게 노력합시다.

〈原文〉

凡事에 留人情이면 後來에 好相見이니라
범사 유인정 후래 호상견

장자께서 말씀하셨습니다.
"사람이 배우지 않으면 재주없이 하늘에 오르려는 것과 같고 배워서 아는 것이 멀면 상서(祥瑞)로운 구름을 헤치고 푸른 하늘을 보며 산에 올라 사해(四海)를 바라보는 것과 같으니라."

❀ 배워야 합니다

사람이 배우지도 않고 깨달으려는 것은 마치 아무 신통한 재주도 없이 하늘에 오르려는 것과 같습니다.

사람은 태어나면서부터 죽을 때까지 배워도 정말 부족합니다.

장자님께서는 사람이 많이 배워서 지혜가 많아진다면 마치 구름을 헤치고 푸른 하늘을 보며 높은 산에 올라가 사방에 있는 바다를 바라보는 것처럼 모든 것을 환하게 깨달을 수 있다고 하였습니다.

여러분, 우리는 배우는 데 온갖 노력을 아끼지 말아야 하겠습니다.

〈原文〉

莊子-曰人之不學은 **如登天而無術**하고 **學而智**
장자 왈인지불학 여등천이무술 학이지

遠이면 如披祥雲而覩青天하고 登高山而望四海
원　여피상운이도청천　등고산이망사해
니라

예기에 이런 말씀이 있습니다.
"옥은 다듬지 않으면 그릇이 되지 못하고, 사람은 배우지 않으면 의(義)를 알지 못하느니라."

참고 예기(禮記)―오경(五經)의 하나로 대성(戴聖)이 주(周)나라 말기부터 진한(秦漢)시대의 제도와 예법 등을 수록한 책으로 주례(周禮), 의례(儀禮)와 함께 삼례(三禮)라고 합니다.

❀ 보석

아무리 값진 보석이라도 그것을 갈고 다듬지 않으면 찬란한 빛을 발휘하지 못합니다.

사람도 마찬가지로 배우지 않으면 사람으로서 해야 할 일을 알지 못하고 생활의 바른 길을 알지 못해서 사람다운 사람이 되기 어렵습니다.

이 글은 배움으로써 사람이 해야 할 일을 알고, 사람이 해야 할 올바른 길을 가르친 것입니다.

〈原文〉

禮記에 曰玉不琢이면 不成器하고 人不學이면 不知義니라
예기 왈옥불탁 불성기 인불학 부지 의

한문공께서 말씀하셨습니다.
"사람이 고금(古今)의 성현의 가르침을 알지 못하면 짐승에게 옷을 입힌 것과 같으니라."

참고 한문공(韓文公 : 768~824)―당(唐)나라 덕종(德宗)임금 때의 문학자로 이름은 유(愈), 자는 퇴지(退之)입니다. 당송(唐宋) 팔대가(八大家)의 한 사람으로 꼽히고 있습니다.
저서로는 '창려선생집'이 있습니다.

❀ 사람다운 사람

고금이란 말은 옛날과 현재의 모든 일을 말합니다.
다시 말해서 옛날이나 지금이나 훌륭한 사람들의 가르침을 깨닫지 못하고 멋대로 행동하면 그것은 바로 짐승에게 옷을 입힌 것이나 마찬가지라고 했습니

다.

우리는 만물의 영장인 사람입니다.

그러나 사람다운 행동을 하지 못하고 악한 짓만 계속한다면 그것은 바로 아무 지혜도 없는 짐승에게 옷을 입힌 것이나 다를 것이 무엇이겠습니까?

여러분은 사람으로 태어난 이상, 사람다운 행동을 함으로써 오래도록 이름을 남겨야 합니다.

짐승은 죽어서 가죽을 남기지만 사람은 이름을 남깁니다.

이 말과 같이 이름을 오래도록 남길 수 있는 여러분이 되도록 위대한 사람들의 말씀을 잘 배워서 실천하도록 합시다.

〈原文〉

韓文公이 曰人不通古今이면 馬牛而襟裾니라
한문공 왈인불통고금 마우이금거

주문공께서 말씀하셨습니다.

"집이 만약 가난하더라도 가난한 것으로 인해서 배우는 것을 버리지 말 것이요. 집이 만약 부유하더라도 부유한 것을 믿고 학문을 게을리해선 안된다. 가난한 자가 만약 부지런히 배운다면 몸을 세울 수 있을 것이요. 부유한 자가 만약 부지런히

배운다면 이름이 더욱 빛날 것이니라. 오직 배운 자가 훌륭해지는 것을 보았으며 배운 사람으로서 성취(成就)하지 못하는 것은 보지 못했습니다. 배움이란 곧 몸의 보배요. 배운 사람이란 곧 세상의 보배다. 그러므로 배우면 군자가 되고 배우지 않으면 천한 소인이 될 것이니 후에 배우는 자는 마땅히 각각 힘써야 하느니라."

❀ 학 문

사람은 집이 아무리 가난하다고 해도 배우지 않으면 안됩니다.

그리고 이와 반대로 집이 부자라고 해서 그것을 믿고 배움을 게을리해서도 안됩니다.

아무리 집이 가난하더라도 열심히 배워서 학문을 이룬다면 사회에 나와서 활동하여 이름을 빛낼 수 있습니다.

중국의 차윤이란 사람은 집이 가난해서 불켜는 기름을 살 수 없으므로 여름날 밤에 반딧불을 많이 잡아 그 빛으로 책을 읽었습니다.

손강이라는 사람은 추운 겨울에 수북히 쌓인 눈의 흰 빛을 빌어 글을 읽었습니다.

이렇게 가난을 극복하고 부지런히 배웠기 때문에 마침내 크게 성공하고 이름을 후세에 남길 수 있었습니다.

이것을 형설의 공(螢雪之功)이라고 말합니다.

배운 사람을 세상의 귀한 보배라고 말합니다.

왜냐하면 배운 사람은 설혹 성공을 못한다 하더라도 마음 속에 훌륭한 인격을 지닐 수 있기 때문입니다.

반대로 배우지 못한 사람은 아는 것이 많지 않으니 아무리 해도 위대한 사람은 될 수 없습니다.

이 글은 배운 사람만이 성공할 수 있고 큰 사업을 이루어서 빛나는 이름을 길이 후세에 남길 수 있다는 사실을 들어 사람들에게 부지런히 배울 것을 가르친 교훈입니다.

〈原文〉

朱文公이 曰家若貧이라도 不可因貧而廢學이요 家
주문공 왈가약빈 불가인빈이폐학 가

若富이라도 不可恃富而怠學이니 貧若勤學이면 可以
약부 불가시부이태학 빈약근학 가이

立身이요 富若勤學이면 名乃光榮하리니 惟見學者顯
입신 부약근학 명내광영 유견학자현

達이요 不見學者無成이니라 學者는 乃身之寶요 學
달 불견학자무성 학자 내신지보 학

者는 乃世之珍이니라 是故로 學則乃爲君子요 不學
자 내세지진 시고 학즉내위군자 불학

則爲小人이니 後之學者는 宜各勉之니라
즉위소인 후지학자 의각면지

휘종황제께서 말씀하셨습니다.

"배운 사람은 낟알 같고 또 벼 같으며, 배우지 않은 사람은 쑥 같고 풀 같도다. 아아 낟알 같고 벼 같음이여, 나라의 좋은 양식이요 온 세상의 보배로다. 그러나, 쑥 같고 풀 같음이여, 밭을 가는 자가 보기 싫어 미워하고 밭을 매는 자가 수고롭고 더욱 힘이 드느니라. 다음 날에 서로 만날 때

에 뉘우친들 이미 그때는 늙었도다."

❀ 보 배

이 글은 옛날 중국 북송(北宋)이라는 나라의 휘종 황제가 사람들에게 때를 놓치지 말고 부지런히 배울 것을 가르친 것입니다.

배운 사람을 벼와 비교하여 나라의 좋은 양식이요, 세상의 큰 보배라고 했습니다.

그리고 배우지 못한 사람을 쑥과 비교하여 밭가는 사람도 싫어하고 김매는 사람도 싫어하는 쓸데없는 사람으로 평가했읍니다..

또한 젊었을 때 배우지 않고 뒤에 후회해도 소용이 없음을 말했습니다.

어린이 여러분도 이런 교훈을 거울 삼아 부지런히 공부하시기 바랍니다.

〈原文〉

徽宗皇帝-曰學子는 如禾如稻하고 不學者는 如蒿如草로다 如禾如稻兮여 國之精糧이요 世之大寶로다 如蒿如草兮여 耕者憎嫌하고 鋤者煩惱-니라

휘종황제 왈학자 여화여도 불학자 여호여초 여화여도혜 국지정량 세지대보 여호여초혜 경자증혐 조자번뇌

他日面墻에 悔之已老로다
타 일 면 장　 회 지 이 노

논어에 이런 말씀이 있습니다.
"배우기를 미치지 못한 것 같이 하고 배운 것을 잃을까 두려워 할지니라."

참고 논어(論語)―사서(四書)의 하나로 공자(孔子)가 죽은 뒤에 제자들이 그의 성품과 행실과 말을 엮어서 만든 책으로, 모두 7권 20편으로 되어 있는 유교의 경전(經典)입니다.

❀ 자랑하지 맙시다

자기가 배운 것을 다 잘 안다고 은근히 자랑하는 것은 절대 좋은 일이 아닙니다.

충분히 알았더라도 언제나 부족한 것처럼 생각해서 더욱 힘써 나가도록 해야 하며, 또 배운 것을 잃지 않도록 계속 노력해야 합니다.

이 글은 배우는 자가 배우는 데 있어서 취할 태도를 밝힌 것이니까 여러분도 잘 기억해 두시기 바랍니다.

〈原文〉

論語에 曰學如不及이요 惟恐失之니라
논어 왈학여불급 유공실지

경행록에 이런 말씀이 있습니다.
"손님이 오지 않으면 집안이 저속(低俗)해지고 시경과 서경을 가르치지 않으면 자손이 어리석어지느니라."

❀ 손 님

사람이 사는 집에는 점잖은 손님들이 출입을 해야만 그 집안이 행세를 하고 빛이 납니다.
손님들이 찾아온다는 것은 그 집 사람들이 교양이 있다는 증거입니다.
점잖은 사람들의 출입이 없다면 그 집안은 이미 보잘 것 없는 존재가 되어버린 것이나 마찬가지입니다.
자손들에게는 반드시 학문을 배우게 해야 합니다. 사람이 배우지 못하면 모든 일의 이치를 모르기 때문에 어리석어집니다.
배운 것이 없어서 무식한 사람이라면 그를 누가

찾아오겠습니까?

이 글은 어버이가 자식들에게 어떤 어려움이 있더라도 글을 가르칠 것을 가리키고 있습니다.

〈原文〉

景行録에 云賓客不來門戶俗하고 詩書無敎子孫愚니라
경행록 운빈객불래문호속 시서무교자손우

장자께서 말씀하셨습니다.

"일이 비록 작더라도 하지 않으면 이루지 못할 것이요. 자식이 비록 어질지라도 가르치지 않으면 현명하지 못하느니라."

❀ 옥도 다듬어야 합니다

아무리 작은 일이라도 이것을 하지 않으면 일을 이룰 수 없습니다.

이와 마찬가지로 자식이 아무리 뛰어난 재주가 있다 하더라도 가르치지 않으면 어리석어집니다.

옥도 다듬지 않으면 그 빛이 나타나지 않는 것처

럼 사람도 학문을 배우고 공부하지 않으면 빛이 나지 않는 법입니다.

〈原文〉

莊子曰事雖小나 不作이면 不成이오 子雖賢이나 不教면 不明이니라
장자 왈 사 수 소 부작 불성 자 수 현 불교 불명

한서에 이런 말씀이 있습니다.

"황금이 상자에 가득하게 있다고 하여도 자식에게 경서(經書) 하나를 가르치는 것만 같지 못하고 자식에게 천금을 물려준다 해도 기술 한 가지를 가르치는 것만 같지 못하느니라."

참고 한서(漢書)—전한(前漢), 즉 고조(高祖)에서 왕망(王莽)에 이르기까지 229년의 역사를 수록한 책으로 반표(班彪)가 시작한 것을 반고(班固)가 이루었으며, 그의 누이동생인 반소(班昭)가 다시 고쳐서 완성했습니다. 모두 120권으로 되어 있습니다.

※ 보이지 않는 재산

돈이 아무리 많다 해도 그것으로 어떤 일이라도 다할 수는 없습니다.

사람은 어디까지나 학문을 배워 사물의 도리를 알게 되어야만 세상에 태어난 보람을 느낄 수 있습니다.

돈이란 있다가도 없고 없다가도 있을 수 있습니다.

자식에게 많은 돈을 물려준다 하여도 그것을 꼭 지킨다고 볼 수는 없습니다.

아무 배운 것이 없는 데다가 돈마져 떨어져 버린다면 그때 가서 어떻게 생활할 수 있겠습니까?

그러나 재주나 기술을 한 번 배워두게 되면 언제든지 그것을 활용해서 생활을 해나갈 수 있습니다.

돈을 남겨준다는 것은 일시적인 것에 지나지 않으며 기술을 가르친다는 것은 분명한 생활 대책을 세워주는 것입니다.

우리는 우리 자손들의 밝은 장래를 위하여 재산을 물려주는 것보다 한 자라도 글을 더 가르치며 한 가지라도 기술을 더 가르쳐 주어야 하겠습니다.

〈原文〉

漢書에 云黃金滿籯이 不如教子一經이요 賜子千金이 不如教子一藝니라
(한서 운황금만영 불여교자일경 사자천금 불여교자일예)

"지극히 즐거움은 책을 읽는 것만 같지 못하고, 지극히 필요한 것은 자식을 가르치는 것만 같음이 없느니라."

❀ 책을 읽읍시다.

독서는 참으로 좋은 것입니다. 그리고 좋은 책을 읽는다는 것은 더할 수 없이 좋은 일입니다.

글을 읽는 동안에는 남을 미워한다든지 원망하는 것 같은 생각들은 머리 속에서 깨끗이 사라지게 마련입니다.

그리고 글을 읽으면 깨닫는 것이 있기 때문에 마음에 기쁨을 느끼게 됩니다.

배운다는 것은 보배를 얻는 것이나 마찬가지 입니다.

자식으로 하여금 사람다운 사람이 되게 하기 위해서는 자식을 가르쳐서 많은 학문을 그의 머리 속에 넣어주어야 합니다.

돈을 아껴서 자식을 가르치는 일에 소홀히 하는 부모가 있다면 그것은 정말 어리석은 부모입니다.

〈原文〉

至樂은 莫如讀書요 至要는 莫如教子니라
지락 막여독서 지요 막여교자

여영공께서 말씀하셨습니다.
"집안에 지혜로운 부모님과 형이 없고 밖으로 엄한 스승과 벗이 없으면 뜻을 능히 이룰 수 있는 자가 드무니라."

참고 여영공(呂榮公)—북송(北宋) 시대의 학자로 이름은 희철(希哲), 자는 원명(原明)이고 영(榮)은 시호입니다.

❀ 올바른 교육

사람이 훌륭한 인격을 갖추거나 성공한 인물로 만들기 위해서는 어진 부모님의 뒷받침과 엄한 스승이나 좋은 친구의 가르침이 절대로 필요합니다.

가정에는 어진 부모님이 있어서 올바른 길로 인도해 주고 밖에 나와서는 엄한 스승이 있어서 일깨워 주고 지식을 넣어주며, 또 좋은 친구가 있어서 착한 길로 인도한다면 모든 것을 고루 갖춘 훌륭한 인간이 될 수 있습니다.

그런 것이 없고는 아무리 해도 완전한 인격을 갖춘 사람이 될 수 없습니다.

아들이나 딸의 어버이가 된 사람이나 형은이 글의 뜻을 깨달아 아들이나 동생의 교육에 좀 더 성의있는 태도를 취해야만 하겠습니다.

〈原文〉

呂滎公이 曰內無賢父兄하고 外無嚴師友而能有成者가鮮矣니라
여영공 왈내무현부형 외무엄사우이능유성자 선의

경행록에 이런 말씀이 있습니다.
"보화(寶貨)는 쓰면 다함이 있고 충성과 효성은 누려도 다함이 없느니라."

❀ 충성과 효도

금은 보물이란 무진장 있는 것이 아닙니다. 그것은 쓰게 되면 다 없어지게 마련입니다.

그러나 나라에 충성하고 부모님에게 효도하는 것은 물건이 아니고 정신이기 때문에 아무리 써도 없어지지 않습니다.

충효를 존중하는 집안은 자손들까지도 다 나라에 충성하고 부모님에게 효도하기 때문에 다른 사람들의 모범이 되며 그래서 영화롭게 되고 귀하게 되어 아름다운 이름을 후세에까지 전해서 오래 번영할 수 있읍니다.

이 글은 사람들이 금은 보물을 아끼기 보다는 충효의 정신적인 길이 더 소중하다는 것을 가르치고 있습니다.

〈原文〉

景行錄에 云寶貨는 用之有盡이요 忠孝는 享之無窮이니라.
경행록 운보화 용지유진 충효 향지무궁

"집안이 화목하면 가난해도 좋거니와 의(義)롭지 않다면 부자인들 무엇하랴, 다만 한 자식이라도 효도하는 자가 있다면 자손이 많아서 무엇하리오."

❀ 효도의 길

'집안이 화목해야 모든 일이 잘 이루어진다'
옛글에 이런 말이 있습니다.

한 가정이나 단체나 국가를 막론하고 화목하면 크게 번영을 가져올 수 있지만 서로 싸우고 헐뜯기만 한다면 무너지고 맙니다.

집이 비록 돈이 없어 가난하더라도 서로 돕고 웃는 낯으로 대한다면 거기에서 행복을 느끼고, 또 가난을 극복해서 잘 살 수도 있습니다.

집이 잘 사는 것은 좋지만 옳지 않게 해서 부자가 된다면 양심에 가책을 받아서 항상 마음이 괴로울 것입니다. 그렇게 되면 무엇이 좋겠습니까?

이와 마찬가지로 효도하는 자식이 단 한 명이라도 있다면 불효하는 자식이 많다고 부러울 것이 없다는 가르침입니다.

〈原文〉

家和貧也好어니와 不義富如何오 但存一子孝면 何用子孫多리오.
가화빈야호 불의부여하 단존일자효 하용자손다

"아버지가 근심하지 않으면 자식이 효도하기 때문이요. 남편이 번뇌가 없는 것은 아내가 어질기 때문이다. 말이 많아 말에 실수함은 술 때문이요 의가 끊어지고 친함이 갈라지는 것은 오직 돈 때문이니라."

❀ 사람이 할 도리

자식이 부모에게 효도를 하면 부모님은 근심을 할 것이 없습니다.

만약 자식이 나쁜 짓만 하고 다닌다면 부모님의 근심이 이만저만이겠습니까?

그리고 아내가 착하면 남편의 마음이 괴롭지 않습니다.

만약 남편에게 바가지를 긁는다면 남편은 될 일도 안되는 경우가 많을 것입니다.

그리고 사람은 술을 지나치게 많이 마시면 자연히 말이 많아지고 실수를 하게 됩니다.

또한 돈 때문에 아버지와 아들, 형제나 남매 사이에 의리가 끊어져 버린다고 했습니다.

옛날 사람들의 지혜는 문명이 아주 발달한 현대에도 그대로 적용되고 있습니다.

단 한 마디도 틀리는 것이 없기 때문입니다.

이 글은 자식은 부모에게 효도하고, 아내는 착한 마음씨를 지녀야 하며 모든 사람은 술을 적게 마시고 돈에 대한 지나친 욕심을 부리지 말라는 것을 가르치고 있습니다.

〈原文〉

父不憂心因子孝요 夫無煩惱是妻賢이라 言多
부 불 우 심 인 자 효 부 무 번 뇌 시 처 현 언 다

語失皆因酒요 義斷親疎只爲錢이라
어 실 개 인 주 의 단 친 소 지 위 전

"이미 심상치 못한 즐거움을 가졌거든 모름지기 헤아릴 수 없는 근심을 방비할 것이니라."

❀ 준비하는 마음

낮이 있으면 밤이 있기 마련입니다.

그늘도 양지가 되고 양지가 음지도 됩니다.

이와 마찬가지로 우리가 세상을 살아가다보면 항상 즐거운 일만 생길 수도 없는 일입니다.

내가 학교에서 시험에 1등을 하였을 때는 기쁘기 한이 없습니다.

그러나 기뻐만 하고 있다가 다음 시험을 준비하지 못한다면 꼴찌를 할 수도 있게 됩니다. 그러면 여러분은 기분이 아주 나쁠 것입니다.

기뻐만 할 것이 아니라 몸가짐을 더욱 조심하고 힘써 공부한다면 슬픈 일은 오지 않을 것입니다.

〈原文〉

旣取非常樂이어든 **須防不測憂**니라
기취비상락 수방불측우

공자님께서 말씀하셨습니다.
"높은 낭떠러지를 보지 않으면 어찌 굴러 떨어지는 환난을 알며, 깊은 샘에 가지 않으면 어찌 빠져 죽을 환난을 알며 큰 바다를 보지 않으면 어찌 풍파가 일어나는 무서운 환난을 알리요."

❀ 알아야 합니다

세상 일이란 눈으로 직접 보거나 경험을 해보지 않고는 그 일이 쉬운지 어려운지 알 수가 없습니다.
높은 벼랑을 본 뒤에야 벼랑에서 굴러 떨어지면 얼마나 무서운 결과가 온다는 것을 알게 됩니다.
또 깊은 연못에 가 보고 난 뒤에야 물에 빠지는 것이 얼마나 무섭다는 것을 알게 되며, 큰 바다를 구경하고 나서야 비로소 거센 파도와 태풍이 얼마나 무서운 것인가를 알게 됩니다.
우리 나라 옛말에 '백 번 듣는 것보다 한 번 보는 것이 더 낫다'는 말이 있습니다.
이렇게 세상 일은 어렵고 힘든 것이지만 배우고 깨닫는 가운데 세상을 살아가는 지혜가 생기게 됩니다.
세상을 어떻게 살아야 하는가 두려워할 필요는 없습니다. 헤치고 나아가는 가운데 반드시 밝은 광명이 비치는 길을 발견할 것입니다.

"하늘에는 예측할 수 없는 비 바람이 있고, 사람은 아침 저녁으로 화(禍)와 복(福)이 있느니라."

❀ 화와 복

하늘에는 우리들이 예측하지 못하는 비바람이 있습니다.

이와 마찬가지로 사람에게도 예측할 수 없는 재앙과 복이 있다는 것을 설명하고 있습니다.

사람의 일이란 변화가 많기 때문에 저녁의 일을 아침에 알 수 없습니다.

문명이 발달하고 교통수단도 아주 발달한 현대이지만 사람의 운명을 미리 내다볼 수 있는 지경까지 과학이 발달할 수는 없습니다.

사람은 자기의 분수를 알고 하늘의 뜻을 따라야 한다는 옛사람의 가르침입니다.

〈原文〉

天有不測風雨하고 人有朝夕禍福이니라
천유불측풍우 인유조석화복

"석 자 되는 흙 속으로 돌아가지 아니하고서는 백 년의 몸을 보전하기 어렵고 이미 석 자 되는 흙 속으로 돌아가선 백 년 동안 무덤을 보전키 어려울 것이니라."

❀ 영원한 것은 없습니다

사람은 죄를 저질러서 형벌을 받는다던가 그밖에 갑자기 죽는 일이 없이 몸을 온전히 해서 일생을 살아간다는 것이 매우 어려운 일입니다.

그렇기 때문에 몸이 비로소 땅 속에 묻히고 나서 마음을 놓을 수 있다는 것입니다.

몸이 죽어 땅 속에 묻히고 나면 무덤을 보존하는 일이 또 어렵습니다.

사람은 반드시 몸가짐을 올바르게 하여 살아 있는 동안 그 몸을 보존하기에 힘써야 하며, 죽은 후에는 그 시체가 오래 안전하도록 살아 있을 때 대책을 세워 둬야 합니다.

〈原文〉

未歸三尺土하야 難保百年身이요 已歸三尺土하얀
미 귀 삼 척 토 난 보 백 년 신 이 귀 삼 척 토

難保百年墳이니라
난 보 백 년 분

"스스로를 믿는 자는 남도 또한 자기를 믿나니 오나라와 월나라와 같은 적국 사이라도 형제와 같이 될 수 있고 스스로를 믿지 못하는 자는 남도 역시 자기를 믿어주지 않으니 자기 이외에는 모두 원수와 같은 나라가 되느니라."

참고 오월(吳越)—전국시대의 오나라와 월나라를 이르는 것으로 오왕 부차(夫差)와 월왕 구천(句踐)이 서로 싸워 원수의 나라 사이였습니다.

❀ 적과 형제

자기 스스로를 믿는 자는 그 마음을 미루어서 다른 사람까지도 믿습니다.

그렇게 되면 남도 또한 그 사람을 믿게 되므로 오나라와 월나라 같은 원수 사이도 형제가 될 수 있습니다.

그러나 자신을 의심하는 자는 그 마음을 미루어서 다른 사람까지도 의심합니다.

이런 사람은 제몸 이외는 모두 적이 됩니다.

〈原文〉

自信者는 人亦信之하나니 吳越이 皆兄弟요 自疑者는
자신자 인역신지 오월 개형제 자의자
人亦疑之하나니 身外－皆敵國이니라
인역의지 신외 개적국

풍간에 보면 이런 말씀이 있습니다.

"물 속 깊이 있는 고기와 하늘 높이 떠 날으는 기러기는 쏘고 낚을 수 있거니와 오직 사람의 마음은 바로 지척간에 있음에도 이 지척간에 있는 마음은 가히 헤아릴 수 없느니라."

참고 풍간(諷諫)—책 이름을 말합니다.

※ 사람의 마음

물속 깊이 사는 고기는 낚시로 낚아낼 수 있고 하늘 높이 날아 다니는 기러기는 활을 쏘아 잡을 수 있으나, 가장 가까운 거리에 있는 사람의 마음은 알기가 힘듭니다.

옛 속담에 열 길 물속은 알아도 한 길 사람의 속은 모른다는, 사람의 마음을 헤아리기가 그만큼 어려움을 나타낸 말입니다.

또 '날이 오래 되면 사람의 마음을 알 수 있다'는 말이 있습니다.

사람의 마음이란 짧은 시간을 가지고는 헤아릴 수 없는 것이니 오랜 세월을 두고 보는 것이 가장 좋은 방법입니다.

〈原文〉

諷諫에 云水底魚天邊雁은 高可射兮低可釣어니와
풍간 운수저어천변안 고가사혜저가조

惟有人心咫尺間에 咫尺人心不可料니라
유유인심지척간 지척인심불가료

"얼굴을 맞대고 서로 이야기는 하나 마음은 천산(千山)을 격해 있는 것처럼 멀리 떨어져 있느니라."

❀ 사람의 마음

매우 다정한 것처럼 얼굴을 맞대고 이야기를 주고받지만 마음은 서로 딴판이라는 것이니, 여기서도 또한 사람의 마음이란 쉽게 헤아릴 수 없는 것임을 강조하고 있습니다.

〈原文〉

對面共話(대면공화)하되 心隔千山(심격천산)이니라

"바다는 마르면 마침내 그 바닥을 볼 수 있으나 사람은 죽어도 그 마음을 알지 못하느니라."

❀ 바다와 사람의 차이

바다가 마른다는 것은 있을 수 없는 일입니다.

그런데 바다의 물이 마르면 그 속이 보이나 사람은 죽어서도 그 속마음을 알지 못한다고 말한 것은 사람의 마음은 측량할 수 없음을 나타낸 말입니다.

〈原文〉

海枯終見底나 人死不知心이니라
해 고 종 견 저 　 인 사 부 지 심

경행록이 이런 말씀이 있습니다.

"남과 원수를 맺는 것은 재앙의 씨를 심는 것이라 말하고, 착한 것을 버리고 착한 일을 하지 않는 것은 스스로를 해치는 것이니라."

※ 원수와 선(善)

남과 원수를 맺게 되면 어느 때 무서운 보복을 받게 될지 모릅니다.

옛날에도 그랬고 지금도 그렇지만 남과 원수를 맺는 일로 인해서 몸이 죽고 집안이 망하는 일이 너무나 많습니다.

그래서 남과 원수를 맺는 일은 재앙의 씨를 뿌리는 것과 같습니다.

우리는 무슨 일이 있어도 남과 원수를 맺는 일은 피해야겠습니다.

또 선(善)이란 아름다운 덕이니 선을 행하여서 아름다운 삶을 만들어야 하겠습니다.

우리는 선을 버려서 행하지 않는 일이 있어선 안되겠습니다.

〈原文〉

景行錄에 云結怨於人은 謂之種禍요 捨善不爲는
경행록 운결원어인 위지종화 사선불위

謂之自賊이라
위지자적

"배 부르고 따뜻한 곳에서 호강하게 살면 음욕(淫慾)이 생기고 굶주리고 추운 곳에서 고생하며 살면 도심(道心)이 생기느니라."

❀ 몸가짐과 마음가짐

사람이 배부르고 따뜻하고, 경제적으로 부유한 생활을 하게 되면 거기서 음탕한 욕심이 일어나게 되고 따라서 행동이 올바른 길에서 벗어나기 쉽습니다.

그러므로 사람은 편안한 생활을 할수록 몸가짐을 단정히 하고 마음을 항상 똑바르게 지켜야 합니다.

그와 반대로 굶주리고 매우 추운, 빈곤한 생활 속에서 도리어 도덕의 마음이 싹틉니다.

〈原文〉

飽煖엔 思淫慾하고 飢寒엔 發道心이니라.
포난 사음욕 기한 발도심

소광께서 말씀하셨습니다.

"어진 사람이 제물이 많으면 그 뜻을 손상하고 어리석은 사람이 재물이 많으면 허물이 더 많아 지느니라."

참고 소광(疏廣)—한(漢) 나라 때 사람으로 자는 중옹(仲翁)이라고 합니다.

❀ 재물과 사람의 욕심

재물이란 자칫 사람의 정신을 흐리게 만듭니다.

재물이 없을 때는 뜻이 있고 올바른 길을 가는 사람도 재물이 많아지게 되면 교만한 마음이 싹트게 되고 올바른 길에서 벗어나 물질에 좌우되는 수가 많습니다.

어리석은 사람이 재물이 많게 되면 일의 옳고 그른 것을 판단할 줄 모르기 때문에 더욱 교만해져서 인간의 길을 벗어납니다.

재물에 대한 욕심은 사람마다 모두가 원하는 것이지만, 자신이나 자손들이 도의에 벗어나는 행동이 있을 것을 두려워하여 정당하게 들어오는 재물도 이를 가지려 하지 않습니다.

〈原文〉

疏廣이 曰賢人多財則損其志하고 愚人多財則
소광 왈현인다재즉손기지 우인다재즉
益其過니라
익기과

"사람이 가난하면 지혜가 짧아지고, 복이 이르면 마음이 영통하여 지느니라."

※ 복과 가난

사람이 가난하면 생활에 쪼들리고 마음이 줄어들어서 지혜를 발휘할 수 없을 뿐만 아니라 도리어 그 지혜가 줄어듭니다.

사람이 아무리 가난하더라도 마음을 수양해서 마음의 빈곤을 막아야 합니다.

또 행운이 닥쳐오게 되면 저도 모르는 사이에 지혜가 생겨서 계획을 잘 세우게 되고, 일이 순조롭게 이루어집니다.

사람은 항상 마음의 빈곤을 자신의 성찰과 반성으

로 꾸준히 수양함으로써 물리칠 수 있는 능력을 가질 수 있도록 노력해야 되겠습니다.

〈原文〉

人貧智短하고 福至心靈이니라
인빈지단 복지심령

"시비(是非)가 종일토록 있을지라도 듣지 않으면 저절로 없어지느니라."

❀ 말썽의 원인

옛 말에 손바닥도 마주쳐야 소리가 난다는 말이 있습니다.

즉 한쪽 손바닥만으론 소리가 나지 않는다는 것입니다.

서로 누가 옳거니 그르거니 말썽을 부리더라도 어느 한편이 상대를 하지 않으면 그 말썽은 저절로 사라지고 맙니다.

〈原文〉

是非終日有라도 不聽自然無니라
시비종일유 불청자연무

격양시에 이런 말씀이 있습니다.

"평생에 눈썹 찡그릴 일을 하지 않으면 세상에 이를 갈 원수 같은 사람이 없을 것이다. 크게 난 이름을 어찌 뜻없는 돌에 새길 것인가. 길가는 사람의 입이 비석(碑石)보다 나으리라."

❀ 위대한 명성

사람은 모름지기 명랑하고 착한 일만을 해야 합니다.

남과 원수를 맺는 것은 남의 눈썹을 찌푸릴 일을 하기 때문입니다.

꼭 비석 위에다 새겨 놓아야 전하게 되는 명성은 진실된 명성이 아닙니다.

길거리에서 평범한 사람들의 입에서 입으로 전해지는 명성이야말로 정말로 위대한 것입니다.

〈原文〉

擊壤詩에 **云平生**에 **不作皺眉事**하면 **世上**에 **應無**
격양시 운평생 부작추미사 세상 응무

切齒人이니 **大名**을 **豈有鐫頑石**가 **路上行人**이 **口**
절치인 대명 기유전완석 로상행인 구

勝碑니라
숭 비

"재주 있는 사람은 재주 없는 사람의 종이 되고 괴로움은 즐거움의 근본이 되느니라."

❀ 재주 있는 자와 없는 자.

재주가 없는 사람은 물건을 만들 줄 모르기 때문에 재주 있는 사람이 대신 만들어 주어야 합니다.

〈原文〉

巧者는 拙之奴요 苦者는 樂之母니라
교 자 졸 지 노 고 자 낙 지 모

왕참정께서 말씀하셨습니다.
"여유 있는 재주를 다 쓰지 않았다가 조물주에 돌려주고, 여유있는 복록을 다 쓰지 않았다가 조정에 돌려주고, 여유있는 재물을 다 쓰지 않았다가 백성에게 돌려주며, 여유있는 복을 다 누리지 않았다가 자손에게 돌려줄지니라."

참고 왕참정(王參政)—이름은 단(旦)이며, 북송(北宋) 진종(眞宗)때의 정치가입니다.

❀ 마음의 여유

옛글에 '극도로 성하면 쇠한다'는 말이 있습니다.

이 글은 무엇이든 너무 극도에 달하면 해롭게 된다는 말입니다.

많다고 해서 있는 대로 다 써버리지 말고 여유를 둘 것을 강조하고 있습니다.

항상 몸을 보존하고 앞날에 대비하는 것으로 보겠습니다.

〈原文〉

王參政四留銘에 曰留有餘不盡之巧하야 以還
왕참정사유명 왈유유여부진지교 이환
造物하고 留有餘不盡之祿하야 以還朝廷하고 留有
조물 유유여부진지록 이환조정 유유
餘不盡之財하야 以還百姓하고 留有餘不盡之福하
여부진지재 이환백성 유유여부진지복
야 以還子孫이니라
이환자손

허영
낭비

"가난하게 살면 번화한 시장거리에 살아도 서로 아는 사람이 없고, 넉넉하게 살면 깊은 산 중에 살아도 먼 데서 찾아오는 친구가 있느니라."

❀ 인간의 속마음

사람이 가난하게 살면 누구도 어울리려고 하지 않기 때문에 사람이 많이 모여 사는 번화한 시장에서 살아도 아는 사람이 없게 마련입니다.

그러나 부자로 잘살게 되면 아무리 두메산골에 산다 해도 먼 데 있는 친척이나 친구들이 찾아 옵니다.

가난하게 사는 사람의 슬픔을 느낄 수 있습니다.

모름지기 인간이란 이렇게 사람의 겉만으로 그 사람을 평가하고 대하려고 하는 것은 배우지 못한 사람의 행동일 수 밖에 없는 것이므로 우리는 절대로 그런 행동을 해서는 안되겠습니다.

〈原文〉

貧居鬧市無相識이요 富住深山有遠親이니라
빈거요시무상식 부주심산유원친

"사람의 의리는 다 가난한데서 끊어지고 세상의 인정은 곧 돈 있는 집으로 쏠리느니라."

※ 사람의 의리

사람이 가난해지면 아무리 가까운 친척도 가까이 지내려고 하지 않습니다.

그래서 결국은 의리가 끊어지고 맙니다.

또 세상 사람들은 돈 있는 사람을 가까이 하려 듭니다.

이것은 참으로 야박한 인심세태라고 하겠습니다.

〈原文〉

史記에 曰郊天禮廟는 非酒不享이요 君臣朋友는 人義는 盡從貧處斷이요 世情은 便向有錢家니라

(사기 왈교천예묘 비주불향 군신붕우 인의 진종빈처단 세정 변향유전가)

사기에 이런 말씀이 있습니다.

"하늘에 제사를 지내고 사당에 차례 올림에도 술이 아니면 받지 않을 것이요. 임금과 신하, 벗과 벗 사이에도 술이 아니면 의리가 두터워지지 않을 것이요. 싸움을 하고 서로 화해함에도 술이 아니면 권하지 못할 것이다. 그러므로 술은 성공과 실패를 얻는 것으로 가히 함부로 마시지 못하느니라."

참고 사기(史記)-한(漢)나라의 사마천(司馬遷)이 황제로부터 한나라 무제(武帝) 때까지 약 3천년의 왕조 역사를 기록한 역사책입니다.

※ 술의 역할

술이란 정말 큰 역할을 하고 있습니다.

국가의 가장 큰 행사인 제사에도 술이 주가 되고 임금과 신하 친구 사이에 의리가 두터워지는 것도 술이 큰 비중을 차지하며, 싸우고 나서 화해하는 데도 술이 중간역할을 합니다.

또 이와 반대로 술로 인하여 큰 실수를 저지르는 수도 있습니다.

술이란 실로 일의 성패에 크나큰 관계가 있는 것이기 때문에 함부로 마시는 일이 없이 신중을 기해야 하겠습니다.

〈原文〉

非酒不義요 鬪爭相和는非酒不勸이라 故로 酒有
비주불의 투쟁상화 비주불권 고 주유

成敗而不可泛飮之니라.
성패이불가범음지

공자님께서 말씀하셨습니다.

"선비가 도(道)에 뜻을 두면서 악의악식(惡衣惡食)을 부끄러워 하는 자는 서로 더불어 의논할 사람이 못되느니라."

❀ 선비의 자격

나쁜 옷과 나쁜 음식을 부끄럽게 생각할 정도의 인간이라면 물질에서 사사로운 욕심이 생기지 말아야 하며 그렇지 못하다면 선비의 자격이 없는 것입니다.

그러므로 그런 사람과는 의논할 것이 못된다는 말이 나온 것입니다.

〈原文〉

子－曰士志於道而恥惡衣惡食者는 未足與議也이니라

자　왈사지어도이치악의악식자　미족여의야

"큰 부자는 하늘에 달려 있고 작은 부자는 부지런 한 데 달려 있느니라."

❀ 큰 부자와 작은 부자

큰 부자가 된다는 것은 그와 같은 좋은 운명을 타고나지 않고서는 안 됩니다.

그러나 사람이 부지런히 일하면 작은 부자는 될 수 있습니다.

부지런한 사람으로서 가난하게 사는 사람은 별로 볼 수가 없습니다.

가난한 사람들의 모습을 살펴보면 대부분이 게으른 사람들입니다.

'부지런하면 천하에 어려운 일이 없습니다'라는 말도 있습니다.

우리가 부지런함을 마음에 깊게 새기어서 살아 나간다면 반드시 훌륭하게 성공하게 될 것입니다.

〈原文〉

大富(대부)는 由天(유천)하고 小富(소부)는 由勤(유근)이니라.

"집을 이룰 아이는 똥을 아끼기를 금같이 하고, 집을 망칠 아이는 돈쓰기를 똥과 같이 하느니라."

✽ 과거 중국은 농업이 국민경제의 핵심을 이루고 있었기 때문에 이와 같은 말이 나오게 된 것입니다.

현대에 있어서는 인조비료로써 얼마든지 지을 수 있지만 그 때는 인분(人糞)이 유일한 비료였습니다.

인분을 금처럼 아끼는 사람이면 벌써 농사를 잘 지어서 집안을 일으킬 수 있는 기틀이 엿보이는 것이며 실지에 있어서도 또 그렇습니다.

그러나 돈을 아낄 줄 모르고 함부로 쓰는 사람이면 반드시 집을 망치고 맙니다.

우리는 물건을 아껴 쓰는 습관을 길러야 할 것입니다.

〈原文〉

成家之兒는 惜糞如金하고 敗家之兒는 用金如糞이니라.

(성가지아 석분여금 패가지아 용금여분)

강절소 선생께서 말씀하셨습니다.

"편안하고 한가롭게 살 때 삼가 걱정이 없다고 말하지 말라. 겨우 걱정할 것이 없다는 말이 입에 나가자 문득 걱정거리가 생기리라. 입에 상쾌한 음식이라고 해서 많이 먹으면 병을 만들 것이요. 마음에 상쾌한 일이라고 해서 지나치게 하면 반드시 재앙이 있으리라. 병이 난 후에 먹는 것보다는 병이 나기 전에 스스로 조심하는 것만 같지 못하느니라."

❀ 예방의 힘

무슨 일이든 마음을 놓고 있지 말 것과 정도에 지나치지 말 것을 강조하고 있습니다.

병이 난 뒤에 약을 먹느니보다 병이 나기 전에 예방에 힘쓸 것을 권고하고 있습니다.

〈原文〉

康節邵先生이 曰閑居에 愼勿說無妨하라 纔說無
강절소선생 왈한거 신물설무방 재설무

妨便有妨이니라 爽口物多能作疾이요 快心事過必
방변유방 상구물다능작질 쾌심사과필

有殃이라 與其病後能服藥으론 不若病前能自防이
유앙 여기병후능복약 불약병전능자방

니라

자동제군께서 말씀하셨습니다.
"신묘한 약이라도 원한의 병은 고치기 어렵고, 뜻밖에 생기는 재물도 운수가 궁한 사람은 부자가 되게 할 수 없다. 일을 생기게 하고나서 일이 생기는 것을 원망하지 말고 남을 해치고 나서 남이 해치는 것을 너는 꾸짖지 말라. 천지간에 모든 일은 다 갚음이 있나니 멀면 자손에게 있고 가까우면 자기 몸에 있느니라."

참고 자동제군(梓童帝君) - 도가(道家)에 속합니다.

❀ 보복의 이치

이 글은 남에게 원한을 갖게 하지 말라는 것입니다.

한 번 남의 가슴 속에 원한을 사게 하면 그 원한은 영원히 가시어지지 않습니다.

보복(報復)의 이치란 변함이 없습니다.

내가 남을 해치게 되면 남도 나를 해치게 됩니다.

내 당대에 해를 입지 않는다 해도 자손대에 이르러서 반드시 해를 입게 되는 것을 우리는 마음 속에 깊게 새겨 두어야 하겠습니다.

〈原文〉

梓童帝君垂訓에 曰妙藥이 難醫冤債病이요 橫財는 不富命窮人이야 生事事生을 君莫怨하고 害人人害를 汝休嗔하라 天地自然皆有報하니 遠在兒孫近在身이니라.

왕량께서 말씀하셨습니다.

"그 임금을 알려고 한다면 먼저 그 신하를 보고, 그 사람을 알려고 한다면 먼저 그 벗을 보고, 그 아비를 알려고 한다면 먼저 그 자식을 보라. 임금이 거룩하면 그 신하가 충성스럽고, 아비가 인자(仁慈)하면 자식이 효행하느니라.

참고 왕량(王良) – 중국 춘추(春秋)시대 진(晋)나라 사람입니다.

❀ 인간의 본보기

그 신하를 보면 그 임금이 어떻다는 것을 알 수 있고, 그 친구를 보면 그 사람이 어떻다는 것을 알 수 있으며, 그 자식을 보면 그 아비가 어떻다는 것을 알 수 있습니다.

이것은 거룩한 임금 밑에는 충성스런 신하들이 있고, 인자한 아버지 밑에는 자식들의 효성이 지극함을 알 수 있는 말입니다.

〈原文〉

王良이 曰欲知其君인대 先視其臣하고 欲識其人인
왕량 왈욕지기군 선시기신 욕식기인
대 先視其友하고 欲知其父인대 先視其子하라 君聖
선시기우 욕지기부 선시기자 군성
臣忠하고 父慈子孝이니라.
신충 부자자효

가어에 이런 말씀이 있습니다.

"물이 지극히 맑으면 고기가 없고, 사람이 지극히 살피면 친구가 없느니라."

[참고] 가어(家語)－본래는 공자가어(孔子家語)를 말하며, 공자의 언행과 세상 드러나지 않은 사실들을 모은 책으로 현재 전해지고 있는 것은 모두 10권입니다.

❀ 융통성

물이 너무 깨끗하게 되면 고기가 모이지 않듯이, 사람이 너무 남의 옳고 그름을 따지게 되면 그사람 주위에는 사람이 모여지질 않게 됩니다.

모름지기 친구를 사귐에 있어서도 너무 이것 저것을 가리게 되면 자연히 친구가 멀어지게 됩니다.

〈原文〉

家語에 云水至淸則無魚하고 人至察則無徒니라
가어 운수지청즉무어 인지찰즉무도

허경종께서 말씀하셨습니다.

"봄비는 기름과 같으나 길가는 사람은 그 질퍽 질퍽하는 진창을 싫어하고, 가을의 달빛은 밝게 비치나 도둑놈은 그 밝게 비치는 것을 매우 싫어하느니라.

참고 허경종(許敬宗)－당(唐)나라 시대의 정치가로 자는 연족(延族)이라 불립니다.

❊ 이익과 손해

봄비는 곡식을 잘 자라게 해서 매우 귀중한 것입니다.

그러나 길 가는 사람에게는 당장 길이 질어서 다니기가 힘들어서 싫어하게 됩니다.

가을 달이 밝아서 좋지만, 도둑에게는 싫은 것입

니다.

이것은 사람의 극히 이기적(利己的)인 면을 나타내고 있습니다.

〈原文〉

許敬宗이 曰春雨－如膏나 行人은 惡其泥濘하고
허경종 왈춘우 여고 행인 악기니녕

秋月이 揚輝나 盜者는 憎其照鑑이니라
추월 양휘 도자 증기조감

"직접 보고 경험한 일도 모두 참되지 아니할까 두렵거늘, 뒤에서 하는 말을 어찌 족히 깊이 믿으리요."

❀ 믿지 못할 것

내 눈으로 직접 보고 경험한 일도 모두 진실이라고 볼 수 없는데, 남의 하는 말을 듣고 그것을 그대로 받아들인다면 그것은 매우 어리석고 위험한 일입니다.

물론 남의 말을 믿지 않을 수도 없지만, 남의 말만 듣고 그것을 믿으려고 드는 것은 피해야 하겠습니다.

〈原文〉

經目之事도 恐未皆眞이어늘 背後之言을 豈足深信이리오.
경목지사 공미개진 배후지언 기족심신

하늘이 만약 상도(常道)를 어기면 바람 아니면 비가 오고, 사람이 만약 상도(常道)를 벗어나면 병 아니면 죽으리라."

❀ 올바른 길

하늘이 지켜야 할 도리를 어기면, 바람이 불지 않으면 비가 오는 것과 마찬가지로, 사람이 올바른 길에서 벗어나면 병나지 않으면 곧 죽는다고 한 것은 사람들에게 올바른 길에서 벗어나는 행동을 하지 말 것을 강조한 것입니다.

동시에 사람의 행동이 올바른 길에서 벗어나면 무서운 벌이 내린다는 것을 하늘의 도리에서 벗어난 일기의 변화를 예로 들어서 경계하고 강조한 것입니다.

〈原文〉

天若改常이면 不風卽雨요 人若改常이면 不病卽死니라
천약개상 불풍즉우 인약개상 불병즉사

공자께서 말씀하셨습니다.

"나무가 먹줄을 좇으면 곧고, 사람이 간(諫)함을 받아 들이면 거룩하게 되느니라."

✱ 이 글은 나무가 먹줄을 좇으면 곧아진다는 비유를 들어서, 사람이 남의 충고하는 말을 받아들일 줄 알면 훌륭한 사람이 될 수 있음을 보여주고 있습니다.

자기의 잘못은 자기가 잘 모르고 남이 더 잘압니다.

옛날이나 지금이나 막론하고 남의 충고를 잘 받아들일 줄 아는 사람이 훌륭한 사업을 이루고 이름도 크게 빛낼 수 있었습니다.

우리는 남의 충고하는 말을 잘 받아들여서 나의 결점을 고치고, 앞으로 발전해 나가는 길을 가야 하겠습니다.

〈原文〉

子 - 曰木縱繩則直하고 人受諫則聖이니라
자　왈목종승즉직　인수간즉성

소동파께서 말씀하셨습니다.

"까닭없이 천금을 얻는 것은 큰 복이 있는 것이 아니라, 큰 재앙이 있느니라."

참고 소동파(蘇東坡 : 1036~1101) - 북송(北宋) 때의 문인으로, 이름은 식(軾)이며, 호는 동파(東坡)이며, 당송(唐宋) 팔대가(八大家)의 한 사람으로 유명합니다.

❀ 노력의 댓가

사람은 노력에 의해서 재물을 얻어야만 그 재물을 오래 간직할 수 있고, 복을 누릴 수 있습니다.

노력하지 않고 까닭없이 얻어진 재물이란 조금도 기뻐할 것이 없습니다.

복이 되지 않을 뿐만 아니라 도리어 화가 따릅니다.

우리는 어디까지나 노력의 대가로 재물을 얻을 생각을 해야 합니다.

〈**原文**〉

蘇東坡曰無故而得千金이면 不有大福이라 必有大禍이니라.
소동파왈무고이득천금 불유대복 필유대화

강절소 선생께서 말씀하셨습니다.
"나에게 자기의 운수를 묻는 사람이 있으니 어떠한 것이 화와 복일고. 내가 남을 해롭게 하면 바로 이것이 화(禍)요, 남이 나를 해롭게 하면 이것이 곧 복(福)이니라."

❀ 복과 화

사람은 항상 남을 해롭게 하면 나중에 다시 자신에게 화가 미친다는 것을 강조하고 있습니다.
언제나 남을 해롭게 하는 일을 해선 안된다는 것을 알아야 하겠습니다.

〈原文〉

康節邵先生이 曰有人이 來問卜하되 如何是禍福이니라
강절소선생 왈유인 래문복 여하시화복

"오래 머물러 있으면 사람으로 하여금 천하게 여기고, 자주 오면 친하던 것도 멀어지느니라. 오직 사흘이나 닷새만에 서로 보는데는 처음 보는 것 같지 않느니라."

※ 친구의 도리

아무리 친한 친구의 집이라도 오래 머물러 있으면 업신여기고 싫어합니다.

아무리 다정한 사이라도 너무 자주 찾으면 다정한 맛이 없어지게 됩니다.

까닭 없이 남의 집에 오래 머물러 있는 것은 예의가 아닙니다.

또 친하다고 해서 할일 없이 자주 찾아갈 필요도 없는 것입니다.

우리는 친한 사이일수록 더욱 공경하고 예의를 지켜서 그 친분을 오래 유지하도록 힘써야겠습니다.

〈原文〉

久住令人賤이요 頻來親也疎라 但看三五日에 相
구 주 영 인 천 빈 래 친 야 소 단 간 삼 오 일 상

見不如初라
견 불 여 초

"공(公)을 위하는 마음이 사(私)를 위하는 마음에 비할 수 있다면 무슨 일이든지 옳고 그름을 가려내지 못할 것이며, 도(道)를 향하는 마음이 만약 남녀의 정(情)을 생각하는 마음과 같다면 성불(成佛)한지도 이미 오래일 것이니라."

❀ 공과 사

공(公)을 위한 마음이 사(私)를 위하는 마음에 비할 수 있다면 무슨 일이던지 쉽게 그 옳고 그름을 가려 내지 못합니다.

도리를 향하는 마음이 만약 남녀의 뜨거운 정을 생각하는 마음과 같다면 성불(成佛) 한지도 이미 오래일 것입니다.

사람은 항상 마음가짐을 정중하고 깨끗하게 하여 외부의 유혹을 쉽게 물리칠 수 있는 힘을 길러야 하겠습니다.

〈原文〉

公心을 若比私心이면 何事不辨이며 道念을 若同情念이면 成佛多時니라
공심 약비사심 하사불변 도념 약동 정념 성불다시

염계선생께서 말씀하셨습니다.

"교자(재주있고 꾀있음)는 말을 잘하고, 졸자(재주없고 어리석음)는 말이 없으며, 교자는 수고로우나, 졸자는 한가하다. 교자는 패악하나 졸자는 덕성(德性)스러우며, 교자는 흉하고 졸자는 길하다. 아아! 천하가 졸하면 정치가 철저하여서 임금은 편안하고 백성은 잘 복종하며, 풍속은 맑고 나쁜 습관은 없어지느니라."

참고 염계선생(濂溪先生)-주돈이(周敦頤 : 1017~1073)를 말하며 자가 염계입니다. 북송의 유학자로 송학(宋學)의 시조로 불리워지며 태극도설(太極圖說)과, 통서(通書)를 저술하셨습니다.

❀ 겉과 속

교만한 것은 인간의 순수함을 벗어나서 재주를 부리는 것을 말합니다.

교만한 자는 사람들이 보기에 영리하고 총명합니다.

그러나 순수함을 지닌 사람은 어리석어 보입니다.

교만한 사람은 매우 활동적이지만 순수한 사람은 말이 적고 마음이 편안합니다.

세상 사람들이 모두 순수성을 잃지 않는다면 나라가 평화스럽고 밝은 사회가 이룩될 것입니다.

〈原文〉

濂溪先生曰巧者言하고 拙者默하며 巧者勞하고 拙者逸하며 巧者賊하고 拙者德하고 巧者凶하고 拙者吉하나니 嗚呼라 天下拙이면 刑政이 徹하여 上安下順하며 風淸弊絶이니라.

(염계선생왈교자언 졸자묵 교자노 졸자일 교자적 졸자덕 교자흉 졸자길 오호 천하졸 형정 철 상안하순 풍청폐절)

주역에 이런 말씀이 있습니다.

덕이 적은데 지위가 높으며, 지혜가 없으면서 꾀하는 것이 크다면 화(禍)가 없는 자가 드물 것이니라."

참고 주역(周易)－삼역(三易)의 하나로 이경(易經)이라고도 하며 우주의 원리와 인간의 길흉 화복을 기록한 책으로 문왕(文王), 주공(周公), 공자(孔子)에 의해 대성한 역학(易學)을 말합니다.

❀ 중용의 도리

자기의 실력이나 자질을 무시하고 정도에 지나치게 일을 하려 하면 반드시 해가 미칠 것입니다.

사람은 마땅히 중용의 도를 지켜 자신의 분수에 넘치는 일을 하지 않도록 노력해야 하겠습니다.

설원에 이런 말씀이 있습니다.

"다스리는 도(道)는 지위가 성취하는 데서 게을러지고, 병은 조금 낫는 데서 더해지며, 재앙은 게으른데서 생기고, 효도는 처자에서 흐려진다. 이 네 가지를 살펴서 나중을 삼가기를 처음과 같이 할지니라."

참고 설원(說苑)－한(漢)나라 유향(劉向)이 지은 책으로 명인들의 일화(逸話)를 수록한 것입니다.

❀ 성실한 생활

자신의 지위가 높아졌다고 해서 그 책임을 게을리하거나, 병이 조금 낫다 해서 마음을 놓아서는 안됩니다.

또 처자(妻子)에 지나친 신경을 쓰느라 부모에게 효도하는 일을 게을리해서도 안됩니다.

우리는 오직 자기 직책에 충실하고, 병을 조심하며, 부지런한 생활을 몸에 익혀서 부모에게 효도하는 일에 정성을 다해야 하겠습니다.

〈原文〉

說苑에 曰官怠於宦成하고 病加於小癒하며 禍生
설원 왈관태어환성 병가어소유 화생
於懈怠하고 孝衰於妻子ㅡ니 察此四者하여 愼終如
어해태 효쇠어처자 찰차사자 신종여
始니라.
시

"한 자 되는 둥근 구슬을 보배로 알지 말고 오직 짧은 시간을 귀중히 여길지니라."

❀ 귀중한 시간

우리는 짧은 시간이라도 아껴 써야 합니다.

한 번 흘러가 버린 시간은 영원히 다시 돌아오지 않습니다.

서양 격언에 "시간은 금이다" 라는 말도 시간의 귀중함을 강조한 글입니다.

우리도 제때에 배우지 않으면 학문을 이룰 수 없고 짧은 시간이라도 아껴 쓰지 않으면 어떤 일이라도 이룰 수 없습니다.

이 글은 짧은 시간도 낭비하지 말고 부지런히 배우고 노력하기를 모두에게 가르친 교훈입니다.

〈原文〉

尺璧非寶요 寸陰是競이니
척벽비보 촌음시경

공자께서 말씀하셨습니다.

"일생의 계획은 어릴 때에 있고, 일년의 계획은 봄에 있고 하루의 계획은 새벽에 있다. 어려서 배우지 않으면 늙어서 아는 것이 없고 봄에 밭갈지 않으면 가을에 바랄 것이 없으며, 새벽에 일어나지 않으면 그 날의 할 일이 없다."

❀ 계 획

사람은 계획을 세우고 계획에 의해서 행동해야 합니다.

공자님은 일생의 계획이 어릴 때에 있고 일 년의 계획은 봄에 있으며 하루의 계획은 새벽에 있다고 말씀하셨습니다.

사람은 나이가 어릴 때부터 학문을 배우고 몸을 닦아서 평생을 두고 활동할 수 있는 기초를 튼튼히 해야 합니다.

그렇게 하면 큰 일을 이루어 보람있는 생활을 할 수 있습니다.

어렸을 때에 공부를 하지 않으면 평생을 헛되게 보내게 되고, 봄에 계획을 세워서 일을 시작하지 않으면 모든 것이 늦어져서 일년을 헛되이 보내게 됩니다.

그리고 새벽에 일어나 활동을 시작하지 않으면 그 날 하루는 한 일이 없게 됩니다.

우리는 공자님의 이 말씀을 잘 익혀서 빈틈없는 계획을 세워 밝고 건전한 생활을 할 수 있도록 힘써야 할 것입니다.

〈原文〉

孔子三計圖에 云一生之計는在於幼하고 一年之
공자삼계도 운일생지계 재어유 일년지
計는 在於春하고 一日之計는 在於寅이니 幼而不
계 재어춘 일일지계 재어인 유이불
學이면 老無所知요 春若不耕이면 秋無所望이요 寅
학 노무소지 춘약불경 추무소망 인
若不起면 日無所辨이니라.
약불기 일무소변

무왕이 태공에게 물었습니다.
"사람이 세상에 사는데 어찌하여 귀천과 빈부가 고르지 않습니까? 원컨대 말씀을 들어서 이를 알고자 합니다."
태공이 대답했습니다.
"부귀는 성인의 덕과 같아서 다 천명에 말미암거니와, 부자는 쓰는 것이 절도가 있고 부하지 못한 자는 집에 열 가지 도둑이 있습니다."

※ 무엇이 도둑인가

주(周) 나라의 무왕이 그의 스승 태공을 향하여 다 같은 사람인데 어떤 사람은 부유하고 어떤 사람은 가난하며 또 어떤 사람은 귀하고 어떤 사람은 천해서 부귀 빈천이 고르지 못한 까닭을 물었습니다. 태공은 이 물음에 대해서 부귀는 천명이 있는 것이기 때문에 사람의 힘으로 어찌할 수 없음을 말했습니다. 그러나 부유하게 되는 사람은 재물을 절약해 쓰고, 가난하게 사는 사람은 그 집에 열 가지 도둑이 있다고 말했습니다.

〈原文〉

武王에 問太公曰人居世上에 何得貴賤貧富不
무 왕 문 태 공 왈 인 거 세 상 하 득 귀 천 빈 부 부
等고 願聞說之하여 欲之是矣이로다 太公이 曰富貴는
등 원 문 설 지 욕 지 시 의 태 공 왈 부 귀
如聖人之德하여 皆由天命이어니와 富者는 用之有節
여 성 인 지 덕 개 유 천 명 부 자 용 지 유 절
하고 不富者는 家有十盜니라.
불 부 자 가 유 십 도

무왕이 물었습니다.
"무엇을 열 가지 도둑이라고 합니까?"
태공이 대답했다.
"곡식이 제때에 익은 것을 거둬들이지 않는 것이 첫째의 도(盜)요,
거두고 쌓는 것을 마치지 않는 것이 둘째의 도요,
일 없이 등불을 켜 놓고 잠자는 것이 세째의 도요,
게을러서 밭갈지 않는 것이 네째의 도요,
공력(功力)을 들이지 않는 것이 다섯째의 도요,
오로지 교활하고 해로운 일만 행하는 것이 여섯째의 도요, 딸을 너무 기르는 것이 일곱째의 도요,
낮잠 자고 아침에 일어나기를 게을리하는 것이 여덟째의 도요,

술을 탐하고 환락을 즐기는 것이 아홉째 도요,
남을 지나치게 시기하는 것이 열째의 도입니다."

※ 절약해야 합니다

이 글은 앞 글의 계속입니다. 무왕은 십도(十盜)가 무엇인가를 태공에게 물었으며 태공은 이를 일일이 설명해 드렸습니다. 농사 일을 게을리하고, 매사에 노력하지 않으며, 곡식을 제때에 거두지 않고, 거두어들인다 해도 잘 보관하지 않고, 교활하고 올바르지 않은 행동을 일삼고, 술을 좋아하고 환락을 즐기는 등 재물의 소모에만 힘쓰고 생산을 등한히 하는 것입니다.

재물을 쓰는 것이 절도가 있어야만 집이 부유해집니다. 그와는 정반대로 그 집에 십도(十盜)가 있다면 부유해지기는 커녕 부유하던 사람도 가난해지게 마련입니다. 부귀가 비록 하늘에 달려 있다고 하지만, 가난하게 사는 사람은 역시 그만한 이유가 있다고 봅니다. 우리는 이 열 가지를 극히 경계해야 합니다.

〈原文〉

武王이 曰何謂十盜닛고 太公이 曰時熟不收이 爲
무왕 왈하위십도 태공 왈시숙불수 위
一盜요 收積不了爲二盜요 無事燃燈寢睡이 爲
일도 수적불료위이도 무사연등침수 위
三盜요 慵懶不耕이 爲四盜요 不施功力이 爲五
삼도 용나불경 위사도 불시공력 위오
盜요 專行巧害이 爲六盜요 養女太多이 爲七盜
도 전행교해 위육도 양녀태다 위칠도
요 晝眠懶起이 爲八盜요 貪酒嗜慾이 爲九盜요
주면나기 위팔도 탐주기욕 위구도
强行嫉妬이 爲十盜니라
강행질투 위십도

무왕이 물었습니다.

"집에 십도가 없고도 부유하지 못한 것은 어찌하여 그럽니까?"

태공이 대답했습니다.

"그런 사람의 집에는 반드시 삼모(三耗)가 있을 것입니다."

"무엇을 삼모라고 합니까?"

"창고가 뚫려 있는 데도 가리지 않아 쥐와 새들이 어지럽게 먹어대는 것이 첫째의 모(耗)요,

거두고 씨뿌림에 때를 놓치는 것이 둘째의 모요,

곡식을 펴 흩뜨려 더럽고 천하게 다루는 것이 세째의 모입니다."

❀·소 비

십도(十盜)의 뜻은 앞의 글에서 이미 밝혀졌습니다. 이번에는 무왕이 집에 십도가 없는 데도 형편이 넉넉치 못한 것은 어떻게 된 일이냐고 물었습니다. 태공은 이에 대해서 삼모를 들었습니다. 비록 십도가 없더라도 삼모가 있다면 역시 가난한 걸 면치 못한다고 대답했습니다. 당시는 농업이 국민경제의 주체를 이루고 있었기 때문에 태공의 삼모(三耗)라는 것도 역시 농업과 관련이 있습니다.

이 글의 모는 소모(消耗)의 뜻으로 물자를 써 없애는 것을 말합니다. 창고의 관리를 소홀히 해서 구멍이 뚫리어 쥐나 참새들이 떼지어 들어가 곡식을 먹는다면 막대한 곡식의 소모를 가져오게 됩니다. 씨뿌리고 거둬들이는 일을 게을리한다면 큰 손실을 입게 됩니다. 곡식을 펴 흩뜨려 잘 다루지 않으면 역시 손실을 입게 마련입니다.

오늘날에 있어서도 농가에선 극히 주의해야 할 일들입니다. 농사의 시기를 잃지 말고, 창고의 관리를 철저히 하며, 곡식을 소중하게 다룸으로써 손실 입는 일을 막아야 한다는 이야기입니다.

〈原文〉

武王이 曰家無十盜而不富者는 何如닛고 太公이
무왕 왈가무십도이불부자 하여 태공
曰人家에 必有三耗니다 武王이 曰何名三耗닛고太
왈인가 필유삼모 무왕 왈하명삼모 태
公이 曰倉庫漏濫不蓋하여 鼠雀亂食이 爲一耗요
공 왈창고루람불개 서작난식 위일모
收種失時이 爲二耗요 抛撒米穀穢賤이 爲三耗
수종실시 위이모 포살미곡예천 위삼모
니다.

무왕이 물었다.
"집에 삼모가 없는 데도 부유하지 못한 것은 또 어찌하여 그럽니까?"
태공이 대답했다.
"그런 사람의 집에는 반드시 일착(一錯), 이오(二誤), 삼치(三痴), 사실(四失), 오역(五逆), 육불상(六不祥), 칠노(七奴), 팔천(八賤), 구우(九愚), 십강(十強)이 있어서 스스로 그 화를 부르는 것이요, 하늘이 재앙을 내리는 것은 아닙니다."

❀ 열 가지 잘못

집에 십도가 없는 데는 부유하지 못한 것은 그 집에 반드시 삼모가 있기 때문이라는 설명을 들을 무왕은 이번에는 삼모가 없는 데도 부유하지 못한 까닭을 물었습니다. 태공은 이와 같은 물음에 대해서 그런 집에는 반드시 일착, 이오, 삼치, 사실, 오역, 육불상, 칠노, 팔천, 구우, 십강이 있어서 스스로 재앙을 불러오기 때문이라고 설명했습니다.

〈原文〉

武王이 曰家無三耗而不富者는 何如닛고 太公이
무왕 왈가무삼모이불부자 하여 태공
曰人家에 必有一錯二誤三痴四失五逆六不祥
왈인가 필유일착이오삼치사실오역육불상
七奴八賤九愚十强하여 自招其禍요 非天降殃이니다
칠노팔천구우십강 자초기화 비천강앙

무왕이 말했습니다.

"그 내용을 듣기를 원합니다."

태공이 대답했다.

'아들을 기르며 가르치지 않는 것이 첫째의 잘못이요, 어린 아이를 훈도하지 않는 것이 둘째의 그릇됨이요, 처음 신부(新婦)를 맞아들여서 엄하게 가르치지 않는 것이 세째의 어리석음이요, 말하기 전에 웃기부터 먼저 하는 것이 네째의 과실이요, 부모를 봉양하지 않는 것이 다섯째의 패역이요, 밤에 알몸으로 일어나는 것이 여섯째의 상서롭지 않음이요, 남의 활을 당기기를 좋아하는 것이 일곱째의 상스러움이요, 남의 말을 타기를 좋아하는 것이 여덟째의 천함이요, 남의 술을 마시면서 다른 사람에게 권하는 것이 아홉째의 어리석음이요, 남의 밥을 먹으면서 벗에게 주는 것이 열째의 뻔뻔함이 되는 것입니다."

무왕이 말했습니다.

"매우 아름답고 성실하도다, 그 말씀이여."

❀ 올바른 길

이 글은 태공이 무왕의 요청에 따라 잘못, 그릇됨, 어리석음, 과실, 불효, 좋지 않은 것, 상스러운 것, 천한 것, 뻔뻔스러움 등에 대해 자세히 설명한 것입니다. 실로 재앙을 불러오는 길로서 어느 하나도 우리가 경계하지 않을 것이 없습니다. 무왕은 태공의 설명을 듣고, 감탄을 마지 않았습니다.

〈原文〉

武王이 曰願悉聞之하나이다 太公이 曰養男不敎訓이
무왕 왈원실문지 태공 왈양남불교훈

爲一錯이요 嬰孩不訓이 爲二誤요 初迎新婦不行
위일착 영해불훈 위이오 초영신부불행

嚴訓이 爲三痴요 未語先笑 爲四失이요 不養父
엄훈 위삼치 미어선소 위사실 불양부

母이 爲五逆이요 夜起赤身이 爲六不祥이요 好挽
모 위오역 야기적신 위육불상 호만

他弓이 爲七奴요 愛騎他馬이 爲八賤이요 喫他酒
타궁 위칠노 애기타마 위팔천 끽타주

勸他人이 爲九愚요 喫他飯命朋友이 爲十强이니다
권타인 위구우 끽타반명붕우 위십강

武王이 曰甚美誠哉라 是言也이여
무왕 왈심미성재 시언야

익지서에 이런 말씀이 있습니다.

"흰 옥(玉)을 진흙 속에 던져도 그 빛을 더럽힐 수 없고, 군자는 혼탁(混濁)한 곳에 갈지라도 그 마음을 어지럽힐 수 없다. 그러므로 송백(松柏)은 상설(霜雪)을 견디어 내고, 밝은 지혜는 위난(危難)을 능히 견뎌 내느니라."

※ 군자의 도(道)

백옥을 진흙 속에 던져도 그 빛을 더럽힐 수 없는 것처럼 군자는 어떠한 혼탁한 곳에 가더라도 마음이 흔들리지 않습니다.

모든 나무가 시들어도 소나무는 서리와 이슬을 견디어 겨울에도 푸르듯이 군자는 그 지조가 변함이 없이 굳세게 살아 가며, 또 그 밝은 지혜는 능히 모든 위태하고 어려운 일들을 처리해 나갑니다.

이 글은 옳은 이치에 밝고 슬기로운 군자의 모습을 표현한 것입니다.

"산에 들어가 범을 잡기는 쉬우나, 입을 열어 남에게 고하기는 어려우니라."

※ 하지 못할 말

뭔가 매우 딱한 일은 남에게 알리기가 무척 어렵습니다.

사람에게는 차마 하지 못하는 마음이 있기 때문입니다.

〈原文〉

入山擒虎는 易어니와 開口告人은 難이니라.
입산금호 이 개구고인 난

"먼 곳의 물은 가까운 불을 끄지 못하고, 먼 곳의 일가 친척은 가까운 이웃만 같지 못하느니라."

※ 이웃 사촌

먼 데에 있는 물이 가까운 곳의 불을 구할 수 없

는 것처럼 먼 곳의 일가친척도 가까이 있는 이웃만 같지 못하다는 말입니다.

우리 나라의 옛 속담에 이웃 사촌이라는 말이 있습니다.

이 말은 이웃끼리 서로 돕고 단결하여, 어려운 일이 닥치면 서로 도와준다면 실로 먼 곳에 사는 친척보다 훨씬 낫다고 볼 수 있습니다.

〈原文〉

遠水는 不救近火요 遠親은 不如近隣이니라
원수 불구근화 원친 불여근린

태공께서 말씀하셨습니다.
"해와 달이 비록 밝으나 엎어놓은 동이의 밑은 비치지 못하고, 칼날이 비록 잘 드나 죄없는 사람은 베지 못하고 불의(不意)의 재앙은 조심하는 집 문에는 들지 못하느니라."

❀ 근신하는 태도

해와 달이 비록 밝다 하지만 엎어놓은 동이의 밑을 비칠 수는 없습니다.
칼날이 아무리 예리(銳利)하다 해도 죄 없는 사람을 벨 수 없는 것처럼 근신하는 집에 옳지않은 재앙이 들 수 없음을 말하고 있습니다.
평소에 모든 일을 조심해 간다면 뜻밖의 재앙을 당할 리가 없습니다. 우리는 항상 근신하는 태도로 세상을 살아가야 하겠습니다.

〈原文〉

太公이 曰日月이 雖明이나 不照覆盆之下하고 刀刃이 雖快나 不斬無之人하고 非災橫禍는 不入愼家之門이니라.
태공 왈일월 수명 부조복분지하 도인 수쾌 불참무지인 비재횡화 불입신가지문

태공께서 말씀하셨습니다.
"좋은 밭 만 이랑이 박한 재주가 몸에 따라 있는 것만 같지 못하느니라."

❀ 기술 한 가지

무릇 재물이라는 것은 끝도 없이 계속해서 돌고 돌게 마련입니다.

오늘에 무수히 많은 재산을 가지고 있다지만 내일 남의 손으로 넘어갈 수도 있습니다.

그러나 기술이란 일단 몸에 익히게 되면 영원히 없어질 수 없습니다.

언제든지 생활을 영위할 수 있는 도구가 됩니다.

공업이 발달된 오늘의 시대에 있어서는 더욱 그렇습니다.

무엇이든 기술 한 가지만 몸에 지니고 있으면 생활이 문제되지 않습니다.

그래서 저마다 기술을 배우고자 노력을 해야 하겠습니다.

〈原文〉

太公이 **曰良田萬頃**이 **不如薄藝隨身**이니라
태공 왈양전만경 불여박예수신

성리서에 이런 말씀이 있습니다.

"사물(事物)을 접하는 요체(要諦)는 자기가 하고자 하지 않는 것을 남에게 베풀지 말고, 행동이 얻지 못하는 것이 있거든 돌이켜 자기에게 원인을 구하라."

❀ 반 성

유학에서는 모든 사물에 접하는 중요한 방법은, 내가 원치 않는 것을 남에게 베풀지 않는 것과, 일이 뜻대로 되지 않을 때는 스스로 반성하여 그 원인을 자기에게서 구하는 것을 강조하고 있습니다.

무슨 일이 뜻대로 되지 않을 때는 남을 탓하기에 앞서 자신을 반성해서 그 원인을 자기에게서 찾아야 할 것입니다.

〈原文〉

性理書에 云接物之要는 己所不欲을 勿施於人하고 行有不得이어든 反求諸己니라.

(성리서 운접물지요 기소불욕 물시어인 행유부득 반구제기)

"술과 색과 재물과 기운의 네 가지로 쌓은 담 안에 수많은 어진이와 어리석은 사람이 행랑에 들어 있다. 만약 그 누가 이곳을 뛰쳐 나올 수 있다면 그것은 곧 신선과 같이 죽지 아니하는 방법이니라."

❀ 인간의 길

많은 사람들이 술과, 여자, 재물, 힘, 의 네 가지 그물 속에 걸려 헤어나지 못하고 있습니다.

이 네 가지의 그물 속을 용감하게 뛰쳐 나올 수 있다면 인간으로서 다시 태어나는 길을 걸을 수 있습니다.

〈原文〉

酒色財氣四堵墻에 多少賢愚在內廂이라 若有
주색재기사도장 다소현우재내상 약유

世人이 跳得出이면 便是神仙不死方이니라.
세인 조득출 변시신선불사방

"글을 읽는 것은 집을 일으키는 근본이요. 이치에 따름은 집을 잘 보존하는 근본이요. 부지런하고 절약하여 낭비하지 아니하는 것은 집을 잘 처리하는 근본이요. 화목하고 순종하는 것은 집안을 잘 다스리는 근본이니라."

❀ 사물의 도리(道理)

옛날이나 지금이나 글을 많이 읽어서 학문을 닦아야 출세를 해서 큰 사업을 이루어 이름을 빛낼 수 있습니다.

배우지 않는다면 사물의 도리에 어두워 아무 일도 할 수 없습니다.

그러므로 글 읽는 것이 집을 일으키는 근본이 되는 것입니다.

무슨 일이든 도리에 따라야 성공할 수 있고, 도리에 어긋나면 반드시 실패를 하게 됩니다.

그렇기 때문에 도리에 따르는 것이 집을 보전하는 근본이 되는 것입니다.

근면하고 검소한 생활을 하게 되면 부를 얻게 됩니다.

옛글에 '지아비는 화평하고 지어미는 유순해야 한

다'는 말이 있고, 또 집안이 화목해야 만사가 잘 이루어진다는 말이 있듯이, 한 가족이 화목하고 협동함으로서만이 모든 일이 잘 되어집니다.

우리는 글을 많이 읽어서 지식을 넓히며 도리에 따라 일하며 근검한 생활을 하며, 한 가족의 화목 협동에 힘써야 하겠습니다.

〈原文〉

讀書(독서)는 起家之本(기가지본)이요 循理(순리)는 保家之本(보가지본)이요 勤儉(근검)은 治家之本(치가지본)이요 和順(화순)은 齊家之本(제가지본)이니라

경행록에 이런 말씀이 있습니다.

“정사를 다스리는데 긴요한 것은 공평하고 사사로운 욕심이 없이 깨끗이 하는 것이요, 집을 이루는 길은 낭비하지 아니하고 부지런한 것이니라.”

❀ 아껴 쓰는 마음

이 글에서 정치를 하는 가장 현명한 방법은 공정과 청렴이라고 했습니다.

정치는 반드시 공정해야 합니다.

결코 어떤 소수 국민의 편을 드는 편파적 일이 되어선 안됩니다.

정치의 혜택이 모든 국민에게 고루 미치게 합니다.

또 군주나 벼슬아치는 특히 청렴하여야 합니다.

과거 동양 여러나라에 있어서 청렴을 관리의 길로 삼아 청렴한 벼슬아치를 상을 주고 융숭하게 대접했습니다.

벼슬아치들이 청렴한 태도를 지켜서 관리의 길이 확립되어야 국민이 정부를 믿게 되어 명랑한 사회가 이루어지며 나라가 잘 다스려집니다.

우리 나라의 옛 성현들 중에 황희라는 정승이 있습니다.

이 분은 한 나라의 정승의 지위에 있으면서도 집을 수리할 수 없어서 비오는 날이면 지붕이 새어 빗물이 떨어지면 방안에서 우산을 쓰고 있었다고 하니 그 청렴한 성품을 가히 짐작할 수 있겠습니다.

임금께서는 그 소식을 들으시고 지붕을 수리해 주시고 그 분에게 청백리(淸白吏)라는 명예를 내리셨습니다.

또 우리는 앞의 글에서도 '작은 부자는 부지런한 데 있다' '일생의 계획은 부지런한 데 있다'는 등의 구절을 보았습니다.

부지런히 노력함으로써 재물을 얻을 수 있고 물건

을 아껴 씀으로써 재물을 모을 수 있습니다.

경제적으로 성공을 하더라도 사치스런 생활은 안 됩니다.

근면하고 아껴쓰는 사람만이 훌륭한 생활을 영위할 수 있습니다.

〈原文〉

景行録에 云爲政之要는 曰公與淸이요 成家之道
경행록 운위정지요 왈공여청 성가지도

는 曰儉與勤이라
왈검여근

공자께서 말씀하셨습니다.

"입신(立身)함에 의(義)가 있으니 효도가 그 근본이요. 상사(喪事)에 예(禮)가 있으니 슬퍼함이 그 근본이요. 싸움터에 질서가 있으니 용맹이 그 근본이 된다. 나라를 다스리는데 이치가 있으니 농사가 그 근본이 되고, 나라를 지키는데 도(道)가 있으니 계승이 그 근본이 되며, 재물을 생산함에 시

충효에

기가 있으니 노력이 그 근본이 되느니라."

❀ 효도 · 용기 · 노력

옛날부터 동양에서 어머니 아버지에게 효도를 하는 것을 가장 중요시했습니다.

"효도는 모든 행실의 근본이 된다."

"효도는 어짊의 근본이다."

이런 말들이 아주 많습니다.

옛날에 나라일을 하고 사회에 진출하려면 부모에게 극진히 효도함으로써 사람들의 칭찬과 지지를 받아야만 했습니다.

출세를 하는 데도 효도가 근본이 되었다고 말할 수 있습니다.

그리고 과거의 예를 따른다면 부모가 죽었을 때 장사를 치루거나 제사를 지낼 때 슬프게 울어야만 했습니다.

전쟁터에서는 용기가 절대로 필요합니다.

적이 온다고 겁을 집어먹는 행동은 싸움에서 지고 마는 결과를 가지고 옵니다.

그리고 공업이 발달하지 못했던 옛날에는 농사가 국민 경제의 기반이 되어 있었습니다. 그런데 노력을 하지 않으면 시기를 놓치게 되어 아무것도 얻을 수가 없습니다.

노력은 곡물을 생산하는 바탕이 되고 있다는 것을 이 글은 가르치고 있습니다.

우리도 모든 일에 있어 효도와 함께 용기를 잃지 않고 노력한다면 이루지 못할 것이 없다는 것을 알아야 합니다.

〈原文〉

子-曰立身有義而孝其本이요 喪祀有禮而哀
자 왈입신유의이효기본 상사유례이애
爲本이오 戰陳有列而勇爲本이요 治政有理而農
위본 전진유열이용위본 치정유리이농
爲本이요 居國有道而嗣爲本이요 生財有時而力
위본 거국유도이사위본 생재유시이력
爲本이니라.
위본

성리서에 이런 말씀이 있습니다.

"다섯 가지의 가르침 조목은 아버지와 자식 사이에는 서로 친함이 있어야 하며, 임금과 신하 사이에는 의가 있어야 하며, 남편과 아내 사이에는 분별이 있어야 하며, 어른과 어린이 사이에는 차례가 있어야 하며, 친구 사이에는 믿음이 있어야 하느니라."

❀ 믿 음

여기에서 다섯 가지 가르침이란 다섯 가지의 윤리를 말합니다.

부자유친이란 어버이와 자식 사이에 서로 아끼고 사랑함을 말하는 것입니다.

즉 어버이는 자식을 사랑하여 이끌어 주고 자식은 어버이를 공경해서 받들어야 한다는 말입니다.

아버지와 아들, 어머니와 아들이 서로 사랑하고 존경한다면 가정은 평화롭고 번영을 할 수 있습니다.

군신유의란임금이 신하를 대우해 주고 신하는 임금에게 충성하는 도리를 말합니다.

과거 동양 여러 나라에 있어서 신하가 된 자는 임

금을 자기 어버이처럼 공경하고 몸을 바쳐 받들었습니다.

그러나 현재 민주주의의 입각하여 국민은 나라에 충성을 하면 됩니다.

부부유별이란 남편이 할 도리와 아내의 할 도리가 따로 있음을 뜻합니다.

옛날 부부는 아내가 남편에 대해 무조건 복종하고 희생적으로 살아야만 했습니다.

남의 아내가 된 자는 어려서는 친정부모의 명령에 따르고, 시집을 가면 남편의 말에 따랐습니다.

그리고 남편이 죽으면 아들의 말을 따르도록 되어 있었습니다.

장유유서란 어른과 어린이가 차례가 있다는 것을 말합니다. 그리고 나이가 어린 사람이 나이가 많은 사람을 공경하는 도리입니다.

붕우유신이란 친구 사이에 서로 믿음이 있고 의로움이 있는 것을 말합니다.

지금도 마찬가지이지만 옛날에도 친구 사이에 서로 돕는 일이 많았습니다.

서로 착한 길로 가기를 권하고 심지어는 자기의 목숨을 버리면서까지 친구를 돕는 일이 가끔 있었습니다.

이것이 바로 신라의 화랑도 정신인 세속오계로 발

전하여 신라는 고구려와 백제를 멸망시키고 삼국을 통일할 수 있었던 것입니다.

〈原文〉

性理書에 云五敎之目은 父子有親하며 君臣有義
성리서 운오교지목 부자유친 군신유의

하며 夫婦有別하며 長幼有序하며 朋友有信이니라
부부유별 장유유서 붕우유신

부 록

논리적 사고를 위한 우리말 속담풀이

◪ **가난뱅이 조상 안 둔 부자 없고 부자 조상 안 둔 가난뱅이 없다.**

가난한 사람도 어느 때인가는 부자 될 때가 있고 부자일지라도 어느 땐가는 가난해질 때가 있다는 말.

◪ **가난이 도둑이다.**

가난하여 먹을 것이 없으면 어찌할 수 없이 도둑질도 하게 된다는 말.

◪ **가난하면 친척도 멀어진다.**

아무리 가까운 일가 친척 사이에도 경제적으로 차이가 있으면 사이가 멀어진다는 말.

◪ **가는 말이 고와야 오는 말도 곱다.**

내가 먼저 남에게 듣기 좋은 말을 하면 상대방도 나에게 고운말을 한다는 말.

◪ **가려운 것이 아픈 것보다 참기 어렵다.**

아픈 것은 잠깐동안이지만 가려운 것은 오래 지속되기 때문에 아픈 것보다 가려운 쪽이 고통이 더 심하다는 말.

◪ **가면 갈수록 첩첩 산중이다.**

인생이라는 것은 살아갈수록 더욱 힘들어진다는 말.

◪ **가을 일은 미련한 놈이 잘한다.**

가을에는 수확을 해야 하기 때문에 다른 어느 계절보다도 할일이 많은 때이다. 그러므로 꾀를 부리면서 일을 하는 사람보다는 다소 미련한 듯이 일에만 열중하는 사람이 더욱 많은 일을 할 수 있다는 뜻.

◪ **가재는 게 편이다.**

비슷하게 생긴 것끼리는 서로 같은 편이 된다는 말.

◪ **가지 많은 나무에 바람 잘 날 없다.**

자식을 많이 둔 부모는 이것저것 속상하는 일이 많이 생긴다는 뜻.

◪ **간에 붙었다 쓸개에 붙었다 한다.**

제 나름대로의 줏대가 없이 이익에 따라 아무에게나 아부한다는 말.

◪ **갈수록 태산이다.**

일이 점점 꼬여드는 것을 뜻함.

◪ **강아지는 방에서 키워도 개가 된다.**

아무리 좋은 환경에서 키워도 그 사람의 본질적인 것은 변화시킬 수가 없다는 뜻.

◪ **거미도 줄을 쳐야 벌레를 잡는다.**

모든 생명이 있는 것은 그 스스로 일을 해야 먹고 살 수 있다는 말.

◪ **거지는 고마운 줄을 모른다.**

항상 남에게 도움만 받는 사람은 그 도움이 고마운 줄을 모르게 된다는 말.

◪ **눈 가리고 아웅한다.**

잔꾀로 남을 속이라고 해 보았자 상대방이 결코 속아 넘어 가지 않는다는 뜻.

◪ **느린 걸음이 잰 걸음.**

어떠한 일을 진행해 나감에 있어서 그 일을 천천히 정확하게 하는 것이 급하게 서두르며 하다가 실수를 하는 것보다 결과적으로 빨리 하는 것이 된다는 뜻.

◪ **늙은 개는 함부로 짖지 않는다.**

나이가 든 사람은 인생의 경험이 많으므로 결코 함부로 행동하지 않는다는 말.

◪ **다 된 밥에 재 뿌린다.**

잘 된 일의 막바지에서 공교롭게도 방해를 한다는 말.

◪ **다람쥐 쳇바퀴 돌듯 한다.**

변화없이 매일 똑같은 일만 반복한다는 말.

◪ **달콤한 사탕이 우선 먹기는 좋다.**

눈 앞의 이익에만 급급하여 분별없이 행동한다는 말.

◪ **달도 차면 기운다.**

달도 차면 기울게 마련이듯이 무슨 일이든 한 번 성하면 한 번 망할 때가 있게 마련이라는 뜻.

◪ **담력은 커야 하고 마음은 세심해야 한다.**

사람은 담력도 커야 하지만 아울러 세심한 면도 있어야 한다는 말.

◪ **담은 게으른 놈이 쌓아야 하고 방아는 미친 년이 찧어야 한다.**

담은 너무 성급하게 쌓으면 무너지기 쉬우므로 게으른 사람을 시켜 천천히 쌓게 하여야 하고 방아는 미쳐서 날 뛰는 사람이 찧어야 잘 찧듯이 일을 시킴에 있어서는 그 일에 꼭 알맞는 사람을 시켜야 효과적으로 잘 이루어 진다는 뜻.

◪ **대기만성(大器晩成).**

큰 그릇은 만드는 기간이 그만큼 오래 걸린다는 말로, 큰 인물은 짧은 시간에 이루어지지 않는다는 뜻.

◪ **대장부의 말은 한 마디면 그만이고 좋은 말은 한 번 채찍질하면 그만이다.**

대장부는 여러 말은 하지 않고 단 한 마디만 해도 그대로 지키고 좋은 말은 여러 번 채찍질을 가하지 않고 한 번만 해도 잘 듣는다는 말.

◪ **더운 밥 먹고 식은 말 한다.**

따뜻한 밥을 잘 먹고 나서 말 같지도 않은 말을 지껄인다는 뜻.

◪ **덕으로는 갚아지지 않는 것이 없다.**

덕으로는 무엇이든지 다 갚을 수 있다는 말.

◪ **덕으로 이기는 사람은 흥하고 힘으로 이기는 사람은 망한다.**

남에게 덕을 베푸는 사람은 결국 흥하게 되고 남을 무력으로 억누르려고 하는 사람은 결국 망하게 된다는 뜻.

◪ **덕이 있는 사람과는 대적할 수 없다.**

덕망이 높은 사람은 하늘도 돕기 때문에 그와 상대해서는 결코 이길 수가 없다는 말.

◪ **도끼가 제 자루 못 찍는다.**

자기의 일을 자기 스스로 해결하지 못한다는 뜻.

◪ **도끼로 제 발등 찍는다.**

다른 사람을 해칠 마음으로 행동하다가 오히려 자기가 해를 당한다는 말.

◪ **도둑놈도 제 집 문단속은 한다.**

나쁜 짓을 하는 사람도 남을 경계하며 조심한다는 말.

◪ **도둑놈은 죄가 하나요 잃은 놈은 죄가 열이다.**

도둑질을 한 사람도 나쁘지만 도둑을 맞은 사람도 문 단속을 철저히 하지 않아서 잃게 되었으므로 그에 대한 책임이 있다는 말.

◪ **도둑을 맞으려면 개도 안 짖는다.**

도둑을 맞으려면 평소에는 잘 짖던 개도 안 짖듯이 일이 잘 안되려면 어찌할 수 없이 일이 꼬여 되는 일이 없다는 뜻.

◪ **도둑이 제 발 저린다.**

나쁜 짓을 저지른 사람은 남들이 알지 못해도 스스로 가책을 받아 두려움을 느낀다는 말.

◪ **돈만 있으면 처녀 불알도 산다.**

돈이 있으면 무엇이든 다 살 수 있다는 말.

◪ **돈은 제 발로 들어와야 한다.**

돈은 운이 따라야 벌 수 있지 억지로는 못 번다는 뜻.

◪ **돈이 원수다.**

돈이 없기 때문에 겪지 않아도 될 극심한 고통을 겪는다는 말.

◪ 돈 있는 사람이 돈 걱정은 더 한다.

돈이 많은 사람일수록 돈 걱정을 더 한다는 뜻.

◪ 두 가지가 다 좋을 수는 없다.

한 가지 좋은 일이 있으면 한 가지 나쁜 일도 있게 마련이라는 뜻.

◪ 뒤로 넘어져도 코가 깨진다.

일이 안되려면 안 되는 일만 연거푸 생긴다는 뜻.

◪ 들 적 며느리, 날 적 송아지.

송아지는 태어날 때부터 일을 할 운명을 가지고 태어났듯이 며느리는 출가할 때부터 시댁에서 일을 하지 않으면 안 될 운명이라는 말.

◪ 때리는 시어머니보다 말리는 시누이가 더 밉다.

직접 때리는 시어머니보다 뒤로는 모략질을 해놓고 겉으로는 말리는 척 하는 시누이가 더 얄밉다는 말.

◪ 때리는 척하거든 우는 척도 해야 한다.

서로 호흡이 잘 맞아야 함께 일을 할 수 있다는 말.

◪ 마음이 맑으면 꿈자리도 편안하다.

마음 상태가 평온하면 결국 잠자리도 편안해진다는 말.

◪ 만만한 년은 서방도 없다.

남으로부터 항상 천시를 받는 사람은 제 것조차 자기 마음대로 차지할 수 없다는 말.

◪ 만사는 시작이 절반이다.

무슨 일이든지 시작하기가 어려운 것이므로 시작만 해도 일의 절반은 이루어 놓은 것과 다름없다는 말.

◪ **만족할 줄 아는 사람은 항상 넉넉하다.**

현재 자신이 처한 환경에 만족할 줄 아는 사람은 언제나 넉넉하게 세상을 살아갈 수 있다는 말.

◪ **맛없는 국이 뜨겁기만 하다.**

행실은 올바르지 않은 주제에 특별나게만 군다는 말.

◪ **매도 먼저 맞는 놈이 낫다.**

어차피 당해야 할 일이라면 남보다 먼저 당하는 편이 마음이 편하다는 뜻.

◪ **멍군하면 장군한다.**

두 사람의 실력이 비슷비슷하여 승부를 가름하기 매우 어렵다는 말.

◪ **못난 년이 꼴값한다.**

못난 사람이 생긴 대로 나쁜 행동만 골라 한다는 말.

◪ **못된 아내가 효자보다 낫다.**

아무리 못된 아내라 할지라도 의지하며 살기에는 효자보다 더 낫다는 말.

◪ **몽둥이 들고 포도청 담에 오른다.**

자기 자신이 지은 죄를 스스로 은폐하기 위하여 남보다 앞에 나서서 도둑 잡으라고 큰 소리로 떠드는 것을 두고 이르는 말.

◪ **문둥이 떼쓰듯 한다.**

막무가내로 몹시 졸라대는 사람을 두고 이르는 말.

◪ **문밖이 바로 저승이다.**

죽음이란 언제 어떻게 돌아올 지 알 수 없다는 말.

◪ **물이 깊어야 고기도 모인다.**

물이 깊어야 고기가 많이 모이듯이 사람도 도량이 넓어야 무리들이 많이 따르게 마련이라는 말.

◪ **물장수 삼 년에 엉덩이짓만 남았다.**

오랫 동안 열심히 수고한 보람도 없이 지금에 와서는 아무런 소득도 없다는 말.

◪ **미운 며느리가 낳아도 손자는 귀엽다.**

제아무리 며느리가 밉더라도 손자만은 사랑스럽다는 말.

◪ **미친 개는 몽둥이가 약이다.**

막된 행동을 하는 못된 사람은 때려서 몽둥이로 버릇을 고쳐야 한다는 말.

◪ **반풍수 집안 망치고 선 무당 사람 잡는다.**

올바로 알지도 못하는 어중간한 사람이 함부로 일을 하다가는 큰 화를 당하게 된다는 말.

◪ **반한 눈에는 미인이 따로 없다.**

한 번 여자에게 반하게 되면 실제로는 못생긴 여자라 하더라도 자신의 눈에는 아름답게 보인다는 말.

◪ **밥에 쌀보다 돌이 적기는 적다.**

밥에 돌이 너무 많이 섞여 있다는 말로서 역설적인 표현이다.

◪ **방앗간 본 참새가 그냥 지나갈까?**

평소에 자기가 좋아하던 것을 보고는 그냥 지나쳐 버릴

수 없다는 말.

◪ 방에 가면 시어머니 말이 옳고 부엌에 가면 며느리 말이 옳다.

사람은 누구나 다 자기 편에 서서 왜곡된 말을 하기 쉬우므로 모름지기 송사는 양쪽의 말을 잘 듣고 정확한 판단을 해야 한다는 말.

◪ 배보다 배꼽이 더 크다.

마땅히 커야 할 주된 것이 작고 작아야 할 부수적인 것이 오히려 크다는 말.

◪ 배운 도둑질은 못 버린다.

한 번 몸에 밴 습성은 뜯어고치기가 매우 힘들다는 말.

◪ 범도 잡고 나면 불쌍하다.

못된 짓을 너무 많이 해 싫어했던 사람도 죽고 나면 불쌍한 생각이 든다는 뜻.

◪ 범 무서워 산에 못 갈까?

어떠한 일은 진행하는데 있어서 사소한 장애물 때문에 결코 일을 포기할 수는 없다는 말.

◪ 병 주고 약 준다.

사람을 자기 마음대로 농락한다는 말.

◪ 보따리 내주며 자고 가란다.

행동으로는 싫어하는 기색을 보이면서도 말로는 좋아하는 체 한다는 뜻.

◪ 보면 밉고 안 보면 보고 싶다.

그동안 미운 정 고운 정 다 들어 버린 부부 간이나 부모와 자식 간에는 보면 미운 짓을 하니까 밉고, 그래도 떨어져 있으면 그리워진다는 말.

◪ 보살도 첩노릇을 하면 변한다.

제아무리 너그러운 사람이라도 일단 첩노릇을 하면 마음이 간사스럽게 변한다는 뜻.

◪ 복종하는 자는 살려 주어야 한다.

자기에게 복종하고 머리를 죽이는 사람은 결코 죽이지 말고 목숨을 살려 주어야 한다는 말.

◪ 봉이 김 선달 대동강 물 팔아먹듯 한다.

얼토당토 않는 행동으로 남을 속인다는 말.

◪ 부모가 반 팔자다.

사람은 누구나 다 어떤 부모를 만나느냐에 따라 자신의 운명의 반 정도는 이미 결정된다는 말.

◪ 부모는 문서 없는 종이다.

부모는 한평생 자식의 뒷바라지만 하다가 늙어 죽어간다는 말.

◪ 부모 속이지 않는 자식 없다.

모든 사람은 대개 정도의 차이는 있을지언정 부모에게 거짓말을 하게 마련이라는 말.

◪ 부부가 좋다고 하는 것은 죽을 때까지 떨어지지 않고 살기 때문이다.

부부는 고생스러운 일이나 즐거운 일을 함께 하면서 한평생을 같이 지내게 되므로 부부 사이가 가장 좋다는 말.

◪ 부자집도 거지 집에서 얻어 오는 것이 있다.

아무리 부자집이라 하더라도 없는 것이 있다는 말.

◪ 부자집 외상보다 거지 맞돈이 낫다.

상거래에 있어서는 외상으로 많은 물건을 파는 것보다는 적게 팔더라도 현금으로 파는 것이 더 낫다는 말.

◪ 부지런하고 밥 굶는 사람 없다.

사람은 누구나 다 열심히 노력만 한다면 가난을 면할 수가 있다는 말.

◪ 비는 놈 한테는 용 빼는 재주 없다.

자기가 잘못한 일에 대해 뉘우치고 사죄하는 사람에게는 누구나 모진 벌을 내릴 수 없다는 말.

◪ 비는 데는 귀신도 물러간다.

자기가 저지른 잘못을 뉘우치고 비는 사람은 귀신도 용서해 준다는 뜻.

◪ 빵덕 어미 같다.

성격이 몹시 좋지 못하고 살림에는 신경을 쓰지 않고 밖으로만 돌아다니는 여자를 두고 하는 말.

◪ 빠드렁니 수박 먹기는 좋다.

평상시에는 불편하게 생각했던 것도 적절하게 쓰일 때가 있다는 말.

◪ 사공이 많으면 배가 산으로 올라간다.

한 가지 일을 여러 사람이 하게 되면 의견이 서로 엇갈려 실패하기 쉽다는 뜻.

◪ 사나운 개도 사귀면 안 짖는다.

아무리 나쁜 사람이라 하더라도 일단 친해지고 나면 피해를 입히지 않는다는 뜻.

◪ **사람 팔자 시간 문제다.**

사람의 팔자는 언제 어떻게 변할지 예측하기 어렵다는 말.

◪ **사랑은 내리사랑이다.**

부모의 사랑은 첫아이에게보다는 막내아이에게 더 사랑스럽게 쏠리게 된다는 뜻.

◪ **서방질도 하는 년이 한다.**

무슨 일이든지 경험이 있는 사람이 오히려 더 잘하게 된다는 뜻.

◪ **서울 놈은 비만 오면 풍년인 줄 안다.**

농사를 지어 보지 않은 서울 사람은 잘 알지도 못하면서 무조건 비만 오면 풍년이 되는 줄 알듯이 어떤 사실에 대해 자세히 알지 못하는 것을 두고 이르는 말.

◪ **성깔 있는 놈이 일은 잘한다.**

성깔이 있는 사람은 일을 보고는 갑갑해서 참지를 못하므로 성격이 느긋한 사람보다는 일을 더 빨리 처리한다는 뜻.

◪ **세 번만 참으면 살인도 면한다.**

아무리 화가 나는 일이 있더라도 세 번만 참으면 가라앉아 평온해질 수 있다는 말.

◪ **세 사람만 우겨대면 없는 호랑이도 만들어 낸다.**

세 사람이 짜면 범이 거리에 나왔다는 거짓말도 능히 할 수 있다는 뜻으로, 근거 없는 말이라 할지라도 여러 사람이 말하면 곧이들린다는 뜻.

◪ **세월은 가면 돌아오지 않는다.**

시간은 한 번 지나고 나면 돌이킬 수가 없는 것이므로 주어진 시간에 충실하게 살아가라는 뜻.

◪ **술이 아무리 독해도 먹지 않으면 취하지 않는다.**

술이 독하기는 하지만 취하고 취하지 않는 것은 사람이 마시기에 달려 있다는 뜻.

◪ **슬픔은 나누면 반으로 줄고 기쁨은 나누면 배로 는다.**

남의 불행은 여러 사람이 따뜻하게 위안을 해주어야 하며 남의 경사스러운 일은 여러 사람이 진심으로 축하해 주어야 한다는 뜻.

◪ **시작이 반이다.**

무슨 일이든지 시작하기가 어려운 것이므로 일단 시작을 하게 되면 반쯤은 이루어 놓은 것이나 마찬가지라는 뜻.

◪ **심술만 먹어도 삼 년은 살겠다.**

심술이 매우 많다는 말.

◪ **아랫사람을 사랑하는 사람은 강하게 된다.**

한 나라의 통치자가 백성들을 사랑하는 마음으로 정치를 하게 되면 나라가 반드시 부강하게 된다는 뜻.

◪ **아버지는 똑똑한 자식을 더 사랑하고 어머니는 못난 자식을 더 사랑한다.**

남자에게는 야망이 있으므로 자식도 똑똑한 자식을 더 사랑하게 되고 여자에게는 진한 모성애가 있으므로 못난 자식에게 더 애틋한 사랑을 쏟는다는 뜻.

◪ **아비만한 자식 없고 형만한 아우 없다.**

아무리 똑똑한 사람이라도 손 윗 사람의 경륜은 따를 수가 없다는 뜻.

◪ 아이가 자라서 어른이 된다.

무엇이든지 작은 것이 자라서 커지게 되므로 작은 것이라고 해서 결코 무시해서는 안된다는 뜻.

◪ 아이는 흉년이 없다.

아무리 흉년이 들어 양식이 떨어진다 해도 부모는 어린 자식만큼은 굶기지 않는다는 말.

◪ 예의도 지나치면 무례가 된다.

예의도 절도 있게 지켜야지 지나치게 지키면 오히려 예의에 어긋나게 된다는 말.

◪ 오라는 데는 없어도 갈 데는 많다.

거지는 누구 하나 반겨 주는 사람이 없지만 얻어먹기 언해 갈 곳은 많다는 뜻.

◪ 옥에도 티가 있다.

아무리 훌륭한 사람이라도 한두 가지의 단점은 가지고 있다는 뜻.

◪ 옷은 새옷이 좋고 사람은 옛사람이 좋다.

옷은 새옷일수록 좋고 사람은 오래 사귈수록 믿음직스러워 좋다는 뜻.

◪ "자시요"할 때는 안 먹고 "쳐먹어라"해야 먹는다.

순순히 말로 할 때는 듣지 않고 있다가 욕을 하면서 시키니까 겨우 듣는다는 뜻.

◪ 자식 겉 낳지 속은 못 낳는다.

아무리 자기 속으로 낳은 자식일망정 그 마음 속까지는

자기 마음대로 할 수 없다는 뜻.

◪ **잘못을 고치지 않는 것도 잘못이다.**

자기에게 잘못이 있는 것을 알면서도 고치지 않는 것은 더 큰 잘못이 되는 것이므로 즉시 고쳐야 한다는 말.

◪ **잠이 보약보다 낫다.**

사람은 적당한 수면을 취해야 건강할 수 있다는 말.

◪ **절약도 있어야 절약한다.**

아껴 쓰는 것도 아주 없으면 할 수 없는 일이므로 있을 때 아껴 써야 한다는 뜻.

◪ **죄는 미워해도 사람은 미워하지 말랬다.**

그 사람이 저지른 죄는 비록 밉지만 사람 그 자체를 미워해서는 안된다는 뜻.

◪ **죽자니 청춘이요 살자니 고생이다.**

죽자니 억울하고 살자니 사는 것이 너무 힘들다는 뜻.

◪ **중이 제 머리 못 깎는다.**

일 중에는 자신의 일인데도 자신이 직접 할 수 없는 일이 있다는 뜻.

◪ **책망은 몰래 하고 칭찬은 알게 하랬다.**

책망할 때는 개인적으로 불러서 조용히 야단을 쳐야 하며 상대방을 칭찬할 때는 여러 사람들 앞에서 해야 한다는 말.

◪ **처녀가 아이를 배도 할 말이 있다.**

남들은 이해할 수 없는 나쁜 일도 당사자 나름대로는 다 그 속사정이 있다는 뜻.

◪ 철나자 노망 든다.

겨우 철이 들어 사람 구실을 하려나 했더니 늙은 것처럼 인생은 긴 듯하면서도 매우 짧다는 말.

◪ 콩 심은 데 콩 나고 팥 심은 데 팥 난다.

모든 결과는 원인에 따라서 그 향방이 결정된다는 뜻.

◪ 털어서 먼지 안 나는 사람 없다.

아무리 착한 사람이라도 저세히 살펴 보면 한두 가지 흠은 반드시 있게 마련이라는 뜻.

◪ 평안 감사도 저 싫으면 그만이다.

아무리 높은 직책이라도 자기가 싫다고 하면 달리 어쩔 수 없다는 뜻.

◪ 하늘은 스스로 돕는 자를 돕는다.

스스로 근면 성실하게 일하는 사람에게는 하늘도 복을 내려 도와준다는 뜻.

◪ 하늘이 무너져도 솟아날 구멍은 있다.

아무리 어려운 상황에 처하더라도 정신만 똑바로 차리고 있으면 해결해 나갈 방도가 생긴다는 말.

◪ 효는 만선의 근본이다.

부모에게 효도하는 것이야말로 모든 선한 일의 근본이 된다는 뜻.

◪ 흐르는 물은 썩지 않는다.

한 곳에 머물러 있는 물은 썩지만 계속해서 흐르는 물은 썩지 않듯이 사람도 계속해서 활동을 하게 되면 정신과 몸의 건강이 나빠지지 않는다는 뜻.

추리력 향상을 위한 재미있는 수수께끼

◪ 가위 하나로 사람이 모두 쓰는 것은? 【답】 팔월 한가위

◪ 깎으면 깎을수록 점점 커지는 것은? 【답】 구멍

◪ 깎으면 깎을수록 점점 길어지는 것은? 【답】 연필심

◪ 감은 감인데 먹지 못하는 감은? 【답】 대감 영감

◪ 갓을 쓰고 때때옷을 입은 것은? 【답】 닭

◪ 개 중에서 제일 큰 개는? 【답】 안개

◪ 거꾸로 서서 움직이는 것은? 【답】 붓

◪ 꺾으면 한 뼘이고 펴면 반 뼘이 되는 것은? 【답】 무릎

◪ 공기는 공기인데 숨을 못쉬는 공기는? 【답】 밥공기

◪ 군함과 바둑돌 중 어느 쪽이 무거운가? 【답】 바둑돌(군함은 뜬다)

◪ 꽃이 필 때에는 아래로 향하고, 열매가 열릴 때에는 위로 향하는 것은? 【답】 목화

◪ 고체를 쪼개면 액체가 되고, 그 액체에 열을 가하면 다시 고체가 되는 것은? 【답】 달걀

◪ 귀는 귀이지만 못 듣는 귀는? 【답】 뼈다귀

◪ 귀도 하나이고 몸도 하나인 것은? 【답】 바늘

◪ 금이 금을 먹고 체해서 금을 먹고나서 나은 것은? 【답】 임금이 능금을 먹고 체해서 소금을 먹고나서 나았다.

◪ 끊어도 끊어지지를 않는 것은? 【답】 물

◪ 끓여도 차다고 하는 것은? 【답】 차(茶)

◪ 기는 제비는무엇이냐? 【답】 족제비

◪ 길면 길수록 더욱 짧아지는 것은? 【답】 낮과 밤

◪ 나는 개미가 무엇? 【답】 솔개미

◪ 나이를 먹을수록 키가 작아지는 것은? 【답】 촛불

◪ 날마다 온 종일 두 손으로 얼굴을 만지는 것은? 【답】 시계

◪ 남의 눈으로 먹고 살고 있는 사람은? 【답】 안과의사

◪ 낮에는 살고 밤이면 죽는 것은? 【답】 해

◪ 낮에는 올라가고 밤이면 내려오는 것은? 【답】 이불

◪ 네모인데도 잘 구르는 것은? 【답】 지폐

◪ 눈 바로 앞에 있으면서 볼 수 없는 것은? 【답】 눈썹

◪ 눈은 눈이지만 못보는 눈은? 【답】 티눈

◪ 눈이 좋은 사람에겐 보이지 않고 눈이 나쁜 사람에겐 잘 보이는 것은? 【답】 안경

◪ 다섯 놈은 당기는데 다섯 놈은 굳이 들어가는 것은? 【답】 장갑

◪ 따라 오지 말라고 해도 따라오는 것은? 【답】 그림자

◪ 닦으면 닦을수록 더러워지는 것은? 【답】 걸레

◪ 대가리와 발이 똑같은 날은? 【답】 일요일

◪ 돈은 적게 들고 방 안에 가득 차는 것은? 【답】 방에 켜논 불

◪ 들어가면 들어갈수록 점점 깊어지는 것은? 【답】 학문

◪ 들어갈 때는 짐이 무겁고 나올 때는 짐이 가벼운 것은? 【답】 밥상

◪ 등에 뿔이 난 것은? 【답】 지게

◪ 마셔도 마셔도 배가 부르지 않는 것은? 【답】 공기
◪ 마지막으로 나는 이빨은? 【답】 틀니
◪ 먹으면 죽지만 안 먹을 수는 없는 것은? 【답】 나이
◪ 먹지를 않으면 볼 수 없는 것은? 【답】 음식의 맛
◪ 무거우면 무거울수록 점점 위로 올라가는 것은? 【답】 저울추
◪ 무섭고 더러우면서도 가엾은 것은? 【답】 호랑이가 똥싸고 죽은 것
◪ 바로 눈 앞을 막았는데도 제대로 잘 보이는 것은? 【답】 눈꺼풀
◪ 발은 발이나 하늘에서 춤추는 발은? 【답】 깃발
◪ 사람이 먹는 제비는? 【답】 수제비
◪ 산은 산이나 넘지 못하는 산은? 【답】 우산
◪ 새 옷을 입어도 검고 헌옷을 입어도 검은 것은? 【답】 그림자
◪ 세계에서 가장 빠른 개는? 【답】 번개
◪ 소는 소인데 뿔이 없는 소는? 【답】 미소
◪ 아래로 먹고 위로 누는 것은? 【답】 대패
◪ 여러 놈이 한 개의 베개를 베고 있는 것은? 【답】 서까래
◪ 여름에는 옷을 입고 겨울에는 벗는 것은? 【답】 나무
◪ 옮길수록 점점 커지는 것은? 【답】 소문
◪ 외나무 다리에 솥이 걸린 것은? 【답】 담뱃대
◪ 이 새 저 새 해도 제일 좋은 새는? 【답】 먹새
◪ 이 세상의 만물을 다 덮는 것은? 【답】 눈꺼풀

◪ 적에게 뒤 꽁무니를 보여야 이기는 것은? 【답】 달음박질
◪ 자기가 말하고도 알지 못하는 것은? 【답】 잠꼬대
◪ 제일 큰 문인데 작은 문이라고 하는 것은? 【답】 소문
◪ 집을 등에 업고 걸어다니는 것은? 【답】 달팽이
◪ 차지 못하는 주머니는? 【답】 아주머니
◪ 천하에 흉내를 제일 잘 내는 것은? 【답】 거울
◪ 총을 쏠 때 왜 한 쪽만 감는가? 【답】 두 쪽을 다 감으면 안 보이니까
◪ 커질수록 값이 더 싸지는 것은? 【답】 물건의 흠
◪ 하나에다 하나를 더해도 하나가 되는 것은? 【답】 물 한 방울에 역시 물 한 방울을 보태도 그대로 물 한 방울
◪ 하나에서 하나를 뺏는데도 둘이 되는 것은? 【답】 칼집과 칼
◪ 함은 함인데 못 넣는 함은? 【답】 명함
◪ 항문으로 벌어 먹는 것은? 【답】 거미
◪ 헌병도 잡을 수 있는 사람은? 【답】 엿장수

판	권
본	사
소	유

학생 명심보감

2019년 9월 20일 인쇄
2019년 9월 30일 발행

지은이 | 현대교육연구회
펴낸이 | 최 원 준

펴낸곳 | 태 을 출 판 사
서울특별시 중구 다산로38길 59(동아빌딩내)
등 록 | 1973. 1. 10(제1-10호)

■ **주문 및 연락처**
우편번호 04584
서울특별시 중구 다산로38길 59 (동아빌딩내)
전화 : (02)2237-5577 팩스 : (02)2233-6166

ISBN 978-89-493-0586-8 03000